子どもたちが、考えることの楽しさを見つけられる授業づくりを目指しています。

板書の流れ

これらの写真は、実践編『ミレーとルソー』の授業の板書です。子どもたちが、すすんで自分の意見を黒板に書いていき、板書を完成させます。

導入「友だちだからできることは何ですか？」

「付け足したいと思うところを書いて、黒板をレベルアップさせてください。」

自分の考えを書き込んでいく子どもたち

終末「自分の中で、最初の考えと最後の考えは変わりましたか？」

いろいろな板書

<ポイント>
①比較・整理しやすいように図式化する。
②子どもたちに考えさせたいところはあえて隙間を空けておく。
③子どもたちを板書に参加させる。
➡理論編6-4（P.24・25）

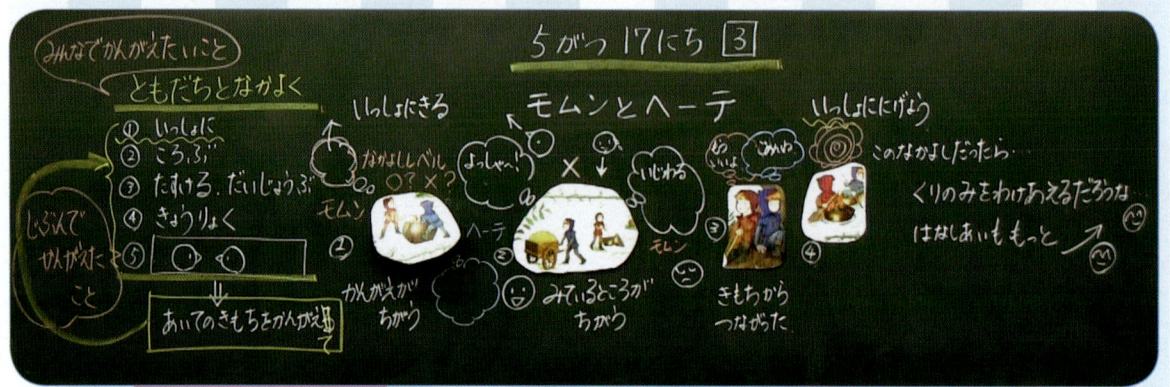

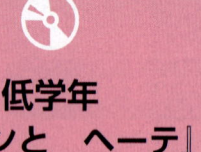
低学年
『モムンと　ヘーテ』

高学年
『ミレーとルソー』

中学年
『ないた赤おに』

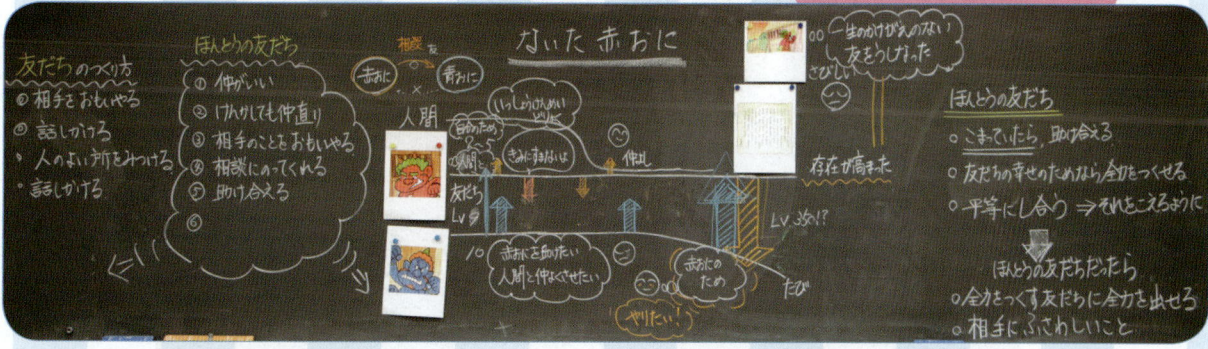

道徳ノート

子どもたちの道徳ノートを見せてもらいました。
➡理論編6-6（P.28・29）

実践から学ぶ

深く考える道徳授業

道徳のポイント **12**の資料 **24**の実践

実践から学ぶ
深く考える道徳授業
CONTENTS ● 目次

巻頭グラビア	
はじめに ― 教科化をチャンスに！ ―	4

第1章　理論編　～道徳を知る～　　7

1．道徳教育と道徳の時間，二本立てには意味がある	8
2．体験を生かすということはどういうことか	10
3．道徳授業で資料を使う意味	12
4．「特別の教科　道徳」をどのように考えたらよいか	14
5．道徳の評価はどのように行えばよいか	16
6．道徳の授業をつくる	
6-1　生きた授業にするために	18
6-2　学習過程　授業スタイル	20
6-3　導入の意味	22
6-4　板書を変える	24
6-5　発問の吟味	26
6-6　ノートで考えをつくる	28
7．ねらい(目標)はどのように立てればよいのか	30

＊実践編で使用している教材は，
『小学道徳 ゆたかな心』(光文書院)に掲載されています。

第2章　実践編　〜実践から くわしく学ぶ〜　32

低学年　33

1年	二わの ことり	実践Ⅰ 34 実践Ⅱ 38
	はしの うえの おおかみ	実践Ⅰ 44 実践Ⅱ 48
2年	ぐみの木と 小鳥	実践Ⅰ 54 実践Ⅱ 58
	モムンと ヘーテ　DVD	実践Ⅰ 64 実践Ⅱ 68

中学年　75

3年	ないた赤おに　DVD	実践Ⅰ 76 実践Ⅱ 80
	生きたれいぎ	実践Ⅰ 86 実践Ⅱ 90
4年	お母さんのせいきゅう書	実践Ⅰ 96 実践Ⅱ 100
	五百人からもらった命	実践Ⅰ 106 実践Ⅱ 110

高学年　117

5年	ミレーとルソー　DVD	実践Ⅰ 118 実践Ⅱ 122
	富士観測所をつくるために	実践Ⅰ 128 実践Ⅱ 132
6年	本屋のお姉さん	実践Ⅰ 138 実践Ⅱ 142
	最後のひと葉	実践Ⅰ 148 実践Ⅱ 152

DVD …授業ポイントDVDに収録されています。

コラム	「努力」はよいもの？	74
	心情道徳は「共感」？　それとも「同情」？	116
	この発問は国語？　道徳？	158
あとがき	―深く考えさせる道徳授業を，子どもたちはどのようにとらえているのか―	159

◎はじめに

―教科化をチャンスに！―

道徳のあるべき姿を見つめ直す

加藤●「道徳」の教科化が決定し，平成30年度から本格実施となります。この教科化のタイミングをチャンスととらえて，道徳授業のあるべき姿をもう一度見つめ直し，「こういう実践があったらいいな」「こういう実践をしてほしいな」というものを世に発信しようということが，この本を書いたきっかけです。竹井先生も私も実践者ですから，「超」実践的な内容を目指しました。

竹井●これまでに全国でいろいろと授業を見てきて，実際に子どもたちに聞いてみると，道徳の授業は影が薄い。教科になることで，まずは先生方に道徳の授業にきちんと向き合っていただきたい。その上で，この本で紹介する「学んでよかった」という授業の中から，いいなと思ったところや，この部分は取り入れられるなと思ったところがあれば，ぜひ，参考にしてもらいたいです。

加藤●文部科学省も指摘していますが，道徳授業の大きな課題は，わかりきったことを言わせる「読み物道徳」になっていることで，それを「深く考える道徳」へ変えようとしています。私たちはずっと後者を追求してきており，文科省が今回課題として提案してきたことに対しては，すでにたくさんの授業実践を積み重ねてきています。本書ではその経験をふまえて，「学んでよかった」という授業スタイルを提案しています。

竹井●実際にこのような授業をしていると，子どもが変わっていきます。授業後に，「板書を消さないで」と自分たちで板書を続けたり，「家で聞いたらこんな考えがあったよ」と報告に来たり，そういう学ぶことが楽しい，考えることが楽しい道徳が，教科になるべきだと思っています。

加藤●そういう道徳の授業があり得るということですよね。

「学んでよかった」につながる授業

竹井●子どもたちにとって，自分の考えを出し合えることが「学んでよかった」につながるのだと思います。「あっ，僕，こんなことがわかったよ」「○○ちゃんの意見でこういう発見ができて，それをドッキングしたらこうなったよ」など，45分の授業の中で友達といろいろと意見を交わしながら，自分の考えを確立できる喜び，自覚できる喜び。構築できることがすごくうれしい。子どものノートを見ても，発言を聞いても，そういうことができたことに，すごく喜びを感じている。

加藤●たった45分の授業でも，やり方によっては子どもたちが自ら考え始めて，意見を出し合って，考えを広げ，学びを子ども自身が獲得していくような展開にすることができる。わかりきったことをおさらいしたり言い換えたりするのではないスタイルが，道徳の授業で可能だということですね。そういう授業を行うために，いちばん必要なことは何でしょう。

竹井●まず子どもたちをしっかりと見て，内容に向かって考えたいと思わせる。そして，導入も大切だと思います。どのように問題意識を子

どもたちのものにしていけるか。考えたいという気持ちにさせるスタートが大事だと思います。

加藤●道徳の授業をつくるという中には、そういった導入や、資料をいかに読むかなど、観点がいろいろとありますよね。この本では、導入の意味、板書の仕方、道徳ノートの取り方といった観点を章立てして取り上げています。それらは連動しているので、発問を変えれば板書も変わる。板書が変わればノートも変わる。全体の学習過程も変わり、導入の意味づけというものも変わってくる。それによって、終末はどうしたらよいのかということも見えてきます。そういうことを一つひとつていねいに考えていくと、提案性のある一つの授業スタイルができてきます。

発問が変わらないと、授業が変わらない

竹井●発問も大切です。道徳の内容を、いかに子どもたちの実生活の中で発見させるかということは、教師がきちんと考えておかないといけない。子どもを見ていれば、こういうことをききたい、考えさせたいということが出てきます。場面ごとの登場人物の気持ちをきくことが決して悪いというわけではないのですが、そればかりをきいていると本当にききたいことを逃してしまう。発問が変わらないと授業は変わらない。やはり、「それはどういうことなんだろう」とか、「こ

れはこういう意味があるんじゃないかな」と言いたくなるような発問は、こちらがしっかりと考えておかないと、深まらないと思います。

加藤●例えば、「ないた赤おに」で授業をしたときのことを考えてみましょう。子どもたちはどういうところから考え始めたのでしょうか。

竹井●ある子が「二人が離れたら存在感が大きくなった」と発言し、それはどういうことかときいたときですね。そのときに、いちばん深く考え始めたと思います。

加藤●「存在が大きくなる」といった発言は、「青おにが赤おにのためにわざと村で暴れてくれたとき、赤おににはどんな気持ちだったのでしょうか」とか、「青おにがいなくなったときに、赤おににはどんな気持ちで泣いたのでしょうか」という発問からは引き出せないということですね。

竹井●引き出せないですね。「存在が大きくなるってどういうことなの?」というのは、まさに、決まりきった発問ではないわけです。

加藤●その発問は、こちらからはあらかじめ用意できないですよね。「存在が大きくなるというのはどういうことなのかをきく」というのは、指導案には書けない。子どもの言葉で授業を紡いでいく。授業は生きている。だから、子どもといっしょにつくっていく。ですから、その中でキーワードが出てくるし、それをどう生かし問い返していくかが大事になるわけです。

竹井●「離れても友達といえるの?」というところが子どもたちがものすごく考えたところで、やはり指導案どおりにはいかない。

加藤●指導案どおりにいかないなら、指導案は必要ないということになりませんか。

竹井●いえ、やはり指導案で、主題についてはしっかりと考える必要があります。「ないた赤おに」なら「本当の友達」で、最初に「本当の友達ってどんな人?」ときく。子どもたちは「相談に乗れる」みたいなことを言いますが、それは本当の友達で

なくてもできるわけです。そういうこれまで深く考えたこともないことをしっかりと考えさせるためには，観点を決めてきいていくことが必要になります。教師もきちんと考えておかないといけない。
加藤●「AとBの違いは何?」とか,「ここからこう変わったのはどうして?」とか,「最初と最後では,どちらがレベルが高い?」といったことをきく中で子どもたちは変わっていくし,そういうところが面白い。指導案をふまえてそういうことを楽しみながら,しかし本質は見失わずに子どもの発言に付き合い,子どもの言葉を生かしながら,授業をつくり上げていくことが大切ですね。

子どもとつくる生きた授業

竹井●答えがないと言われる道徳ですが,最終的な到達点はあって,いかに子どもの思考を大切にしながら,そこに行けるかどうか。無理やり引っ張り上げるのではありません。子どもたちが「何となく思っているけれどうまく言えない」というところから始まって,「あれ,どっちが本当だろう」という部分で初めて葛藤が起こり,それが組み合わさって「わかった!」となる瞬間がある。その「わかった」が大事で,それが「学んでよかった」につながるのだと思っています。
加藤●そういった,子どもたちと生きた授業をつくっていくために大事なことは何かということを,この本の随所にちりばめています。実践者として子どもに向き合って一生懸命やっているという自負のもとに授業をしてきていて,それが少しでも伝わればと思っています。
竹井●先日,授業参観で道徳の授業を公開したあとに,保護者の方から「私が受けた道徳の授業は暗かった。非常につまらなかったし,わかりきったことを教えられていたので,先生の求める答えに合わせて発言していた。でも,この授業を見たら,本当に明るくて楽しくて,子どもたちがどんどん変わっていく。見ていて本当に感動した。また道徳の授業を見たいし,いっしょに参加したい」という感想をいただきました。他にも,「こういう授業を期待したい」,「教科になるならこういう授業がいいと思う」といったことが書かれていました。「こういう明るくて楽しい授業が子どもたちの生き方につながっていることがよくわかります」というコメントをいただいたときに,深く考えさせる実践を全国の先生方といっしょに考えていくことが,今の子どもたちの心を育てるということにいちばん近づくのではないかと実感しました。

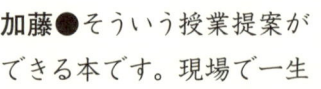

加藤●よいものは必ず保護者にも伝わります。よりよい社会をつくっていくという意味では,がんばるのは教員だけではないですよね。
竹井●子どもといっしょに道徳の授業にきちんと向き合って取り組むことで,みんなが明るく,幸せになります。

加藤●そういう授業提案ができる本です。現場で一生懸命やっている先生方に向けて,私たちも同じ土俵で一生懸命やっているからこそ伝わることがあるのではないかと思っています。これからこの本がどのように生かされていくのか,とても楽しみですね。
竹井●楽しみです。子どもたちが明るい未来をつくってくれるという期待を込めて,たくさん実践をしてきましたし,それを著したつもりです。これからもいっしょに現場の先生方と研究していきたいなと思っています。
加藤●教科化になるきっかけをチャンスに変えて,道徳の授業を楽しんで,しっかりと取り組んでいきましょう。この本が,その一助となればと思っています。

第1章
理論編
~道徳を知る~

1 道徳教育と道徳の時間，二本立てには意味がある

二本立ての意味

道徳教育は，「道徳的な体験」をさせるだけではダメ！

○月○日
　今日，友達と６年生を送る会の会場の飾りつけをしました。友達のBさんが私のアイデアに「いいね，それでいこう！」賛成してくれて，とてもよいものが出来上がりました。友達と協力して完成させることができて，とてもうれしかったです。きっとよい送る会になると思います。
　　　　　　　　　　　　　　　（A子）

　この様な原体験は，さまざまな場面でみられることである。この中に道徳の教育的効果を見出そうとすれば，確かに「友情」や「協力」といったキーワードにヒットする言動がある。だからといって，これだけでは友情や協力のよさについて実体験を通して実感し，通して学んだことにはならない。
　なぜなら，このA子さんのアイデアに賛成してくれた友達が，仲よしグループだったから無条件に賛成してくれた場合と，Bさんもアイデアを出しながらも，A子さんのアイデアの方によりよいものを見出して自分の意見を変えてまで賛成してくれた場合とでは，同じ結果であっても，その意味が大きく違ってくるからである。

　つまり，うまくいった結果をもとにその気持ちを聞くだけでは，「賛成してくれた＝うれしかった＝よい友達」という安易な図式しか成り立たないのである。
　だからこそ，「うれしかった体験」をさせるだけではダメなのである。もちろん，そのような成功体験をさせることは，教育の現場において必要である。ある意味，意図的に仕組むのである。「やらなければよかった体験」では話にならない。かといって，「よかったね」「これからもがんばろう」では，あまりにも大ざっぱである。「なぜよかった」のかを，しっかり検証させることが大切である。

道徳の時間において，生の体験を，いかに実感を通して意味あるものとできるか

　だからこそ，テーマを決め，腰を落ち着けてじっくりと考える時間が必要なのである。例えば，「本当の友達とはどういう人のことか」というテーマを設定した上で，資料を通して考えさせる。
　当然のことながら，仲よくしている友達の気持ちを問うような発問では，「うれしい＝よい友達」となってしまい，上の展開と何ら変わりなくなってしまう。ここは発問を工夫して，結果だけではなく，その結果を生む本（もと）となった心を明らかにしたい。

例えば冒頭のA子さんのエピソードを用いるならば、「もし、BさんがA子さんの意見に反対していたら、BさんはA子さんにとってふさわしくない友達なのだろうか」と問う。子どもたちは何と答えるであろうか。

道徳の時間は学びがなければならない

教師の適切な指導が子どもたちを導く

教師は適切な発問をもって、子どもたちを適切に導かなければならない。そこには指導が必要であり、そこで教科化が絡んでくる。教科化というのは、単に週1時間がカリキュラム上に確実に配置され、教科書を使って評価まで行われるようになるということだけではない。いちばん大切なことは、ねらいに向かって、適確な指導が行われるということである。勘違いしないでいただきたいが、明確な指導というのは、教師の一方的な押しつけということではない。子どもたち自身が学びの主体者として、自己の意志で考えようとし、自らの生き方を考えることができるような展開を仕組むということである。

子どもは問題意識をもちながら学習する

子どもも個性をもった一人の人間である。いやむしろ、大人よりも「不思議だな」と思うことや「明らかにしたい」という気持ちに敏であり、弛みなく深く考えようとし、追究しようとする。4年生の日記を一つ紹介しよう。

> 道徳なんて「ビデオを見る」ただそれだけの楽しくもない授業だと思っていた。4年になり、道徳の授業のやり方が変わった。
> 「ビデオを見る」から「発言する・考える・色々な人と話し合う」に。
> 4年生になったからなのか、先生が代わったからなのか、いきなり難しくなった気がした。同時に楽しくもなった気がした。

子どもはよく見ている。わかっている。学びたがっている。私たちはその事実を忘れてはいけない。

実際の授業

「難しくなったと同時に楽しくなった」これが学びである。問題意識をもち、一人でうんうん言いながら悩み、友達の意見を参考にし、資料からヒントを得ようと目を皿のようにして読み、教師の考えも吸収しようとしながら考える。そこから得られた「解答」は、「わかった!」という叫びにつながり、「え!?どういうこと、教えて!」という反響を呼ぶ。そのようなつぶやきが飛び交う教室こそが、言語活動をしている教室なのであろう。それが学びである。それが教科という屋台を背負うこととなった「道徳の時間」がなすべき宿命である。

授業の実際は、この後の章で具体をたっぷり紹介するつもりである。楽しみにしていただきたい。

2

体験を生かすということはどういうことか

自己の生き方を振り返る

どういう時に体験は生きるのか

　2年生のYさんの日記である。体験が生きるといっても，いろいろある。

> 　今日，学校の帰り道，重い荷物を持ったおばあちゃんがいました。3歩 歩くと荷物を置いて，というくり返しでした。私は，「だいじょうぶかな」と思いました。でも，「荷物持ってあげましょうか」と言うのが不安でした。でも，勇気をふりしぼり，おばあちゃんに話しかけました。
> 　そうしたら「ありがとう」と言って，私にカバンを渡し，分かれ道まで持って行きました。「助かったわ」と言って，帰って行きました。よい勇気を使うと，こんなにうれしい気持ちがわいてくることが実感できました。　　　　　（2年生女子）

　普通は授業場面において，子どもたちの体験が生かされるイメージであろう。だが，子どもたちの体験といっても，一人ひとりの体験は個別的であり，偶発的なものである。これを意図的・計画的に授業に生かすことはなかなか難しい。だからといって，全員に同じ体験──例えば介護施設訪問──などをさせておいて，その後，その体験に関連ある内容項目や資料を扱った授業を行うというのも，よしあしである。カチッとうまくはまればよいだろうが，無理やりこじつけになってしまったり，体験を押しつけてしまったりしては本末転倒である。

授業が生きる

　このYさんの場合は，「学習体験が日常体験に生きた」例である。学習したことが心の中に留まっていたからこそ，授業が終わった後も無意識のうちに出現したのであろう。Yさんは授業で勇気の使い方というよりは「勇気のよさ」について学んだのであろう。だから，「よい勇気」という言い方をしている。授業で学んだ「よい勇気」を使えば，きっと自分自身にも心がほっとする瞬間が訪れる，そんな期待にも似た思いを抱き，おばあさんのことを見ながら自問自答していたのであろう。

授業中に生きる現象は転移しないが本質は転移する

　各自の体験は個別的であり，偶発的であるが，そもそも何の体験もしていない子どもはいないであろう。その体験を意味あるものとして意識レベルまで経験値として定着させているか，または無意識レベルに埋もれさせているかの違いである。授業で本質的な学びをすると，個々人の体験がつながってくることがある。現象は違いこそすれ，本質は共通するからである。むしろ，異なる実体験がさま

ざまあるからこそ,「人も違うし,したことも違うのに,なぜ同じことを感じるのだろう」となる。本質的な学びにとっては,事象が多様な方が好都合なのである。

しかし,ただ単に多様な事象を扱い,表面的なとらえしかできないと,「人それぞれだから,いろいろな価値観があってよい」などとわけがわからなくなり,何を学んだのかわからない授業になってしまう。そのような授業が道徳には多くないだろうか。そのような「みんなちがってみんないい」論は,本質をはき違えている。

実生活に生きる

これはYさんの体験に似ているが,ちょっと違う。

授業で学んだことが,その時は消化しきれていなくて,もやもやしていることはよくあることである。すべてのこと,ましてや道徳的な価値について1時間の授業で完全に理解できるわけがない。そんな時,ふと似たような状況に出くわす。思わず何かふだんの自分とは違う言動をとってみる。それに対して他者からリアクションがある。「うまくいった!」「うれしい!」「ああ,授業でやったことはこういうことか!」と実感する。ここで初めて理解するのである。

これが道徳教育である。この学びを無視して道徳教育はできない。この体験が経験となり,次の授業に生きてくるわけである。このように,授業と日常の実体験は切っても切れない関係にある。ただし,それは「深く考える道徳授業」をすればの話である。

授業の前後で生かす

このような関連・連携の体系がきちんと意識され,そのために必要な手立てを打った授業が行われるようになって,初めて,意図的・計画的な体験活動が功を奏するようになる。総合単元的道徳学習の成否はここにかかっていると言っても過言ではない。ただ,つじつま合わせに道徳の授業の前後にそれらしい体験をちりばめてみても,結局は付け焼き刃になってしまう。逆に,**体験のつなぎがきちんとなされ,触媒としての道徳授業がしっかりと位置づいていれば,体験の方から授業に歩み寄ってくる。**

子どもたちが,「そういえばこの間,こんなことがあったよ。これって今日の授業と同じだね」などと発言する光景に出くわすのは,そう珍しいことではない。偶発的な体験であるはずなのに,つながってくる。授業中に,そんな奇跡にも近い偶然を何度となく味わっている私は,ただ運がよいだけなのであろうか。

いずれにしても,やはり実りある体験が生きるためには,心に残る授業が本(もと)になるようにしたいし,そうしなければならない。

体験が生きたことをどのように見取るか(評価するか)

これは道徳授業の評価とは別の見取りが必要になると思われるが,行うべき評価活動であろう。以前の指導要領解説には,評価は児童理解と並列で述べられていたが,その理由はここにあるような気がする。単に授業中の発言量や目立ち方,発言の内容だけではなく,人として丸ごと理解するような理解の方法—それを評価と呼ぶかどうかは別として—を確立する必要があると思う。

道徳の評価については,別の項で詳しく述べる。

3

道徳授業で資料を使う意味

国語の読解指導との違いは

道徳で資料を使う意味

　国語科では言葉に関わる基本的な能力が培われるが、道徳科は、このような能力を基本に、教材や体験などから考えたこと、感じたことをまとめ、発表し合ったり、話合いなどにより異なる考え方、感じ方に接し、協同的に議論したりする。

（『小学校学習指導要領解説　道徳編』より）

国語の資料との違い

　国語の学習材は、作品である。だから、作者・筆者の思いを尊重し、そのまま扱う。それに対して道徳の資料はあくまで考えるきっかけであるから、必ずしも原文のまま扱われることはない。もちろん、作品として改作などせずに扱う場合もあるが、例外的である。多くの場合、道徳の資料は１時間の授業の中で読み、話し合いに使われるので、分量も気にしながら観点がわかりやすいように特徴的に描かれる。

国語の資料の読みとの違い

　国語は登場人物の変容場面をクライマックス場面とし、その場面のとらえ方やどうしてそこがクライマックスなのかという根拠を文章の記述に求める。当然、読みもその記述に沿ったものとなる。それに対して道徳は、そのような変容を起こしたものは何か、なぜそのような変容が起きたのかを考えさせる。道徳の読みは記述に沿ったものというより、自分の考えや友達の意見を拠り所にする。そして最終的には、「登場人物が変わったことによってどのような生き方が可能になるか」という、今後の生き方について考えを至らせる。

　端的に言えば、国語は記述を拠り所にし、道徳は自己の生き方を拠り所にするわけである。

資料を読む観点

資料を読む観点は、主に次の三点である。

①表面的な行為・行動云々ではなく、書かれていない行為・行動を生んだ心を読み取る
②言葉ではなく、自己の体験を拠り所として読む
③価値のよしあしではなく、一人の人間としてよさはどこにあるかという観点で読む

　①はみえるものからみえないものをみるということである。

　②は前述した国語の読みとの違いである。

　③は道徳資料に表される人の生き方は、一つの価値で成り立っているわけではないとい

うこと。つまり、内容項目は一つの価値で構成されているのではなく、複数の価値が絡み合ってできあがっているということである。

資料の種類

読み物資料、絵本、紙芝居、各種メディア、映像資料、一枚の写真でも資料になる。

実存する人物、子どもの日記、投稿、実物、ゲスト等々。

資料を使う時に大切にしたいこと（留意点）

資料はねらいをもとに作られているわけであるから、切り貼りせず基本的に丸ごと扱いたい。また、あくまでも考えるきっかけを得るために使うのであるから、「資料から学ぶ」のではなく「資料で学ぶ」という姿勢でありたい。

資料作成のポイント

資料を改作したり、自作したりすることがある。目の前の子どもたちに適した資料を自らの思いを込めて作成しようとする意気込みは高く買うが、往々にして陥りやすい落とし穴に留意したい。

どういうことかと言うと、思い入れが強くなればなるほど、資料の幅が狭くなり、「一つの価値についてこの方向で考えさせる」というレールが敷かれてしまうのである。そして、思い通りの反応がないと「こんなはずではない」と子どものせいにしてしまう。

また、あまり限定的な場面を扱うと、子どもたち自身が身につまされる形となり、「ああ、この登場人物は○○みたいだ」などと、いらぬ方向に関心が向かいがちとなり、肝心の話し合いがおろそかになる場合がある。

資料を作成する場合は、登場人物が外からの刺激により、自らの判断で価値観をよりよい方向に変容させる様子を描くようにしたい。また、できあがったら複数の第三者に読んでもらって意見を聞き、一般性を失わないようにすることも心がけたい。

完璧な資料は存在するか

読むだけで心が動き、発見があり、道徳的な心情がおのずと向上してくるような資料があったとする。これがあれば道徳の授業は完璧か。「否」である。まず、そのような反応を呼び起こす資料があったとしても、それは万人に共通して起こることではない。

読み手に一人として同じ生活経験や感性をもっている人間はいない。人格も価値観のとらえ方も異なる子どもたちを集めて、全員同じように感じさせるなどということができるとしたら、それは催眠術である。

また、読むだけで教育的効果が上がる資料ならば、何も道徳の時間に45分かけて扱わなくても、「家で読んでおいて」と宿題にすれば充分である。

時折、資料を読んで小グループで話し合わせ、最後に感想を書かせるような展開の授業を見かけるが、同じ理由で資料に対する考え方を間違えているといえるであろう。

4 「特別の教科 道徳」をどのように考えたらよいか

これまでの経緯とこれから

教科になることで変わることは何か

　道徳教育の目標に基づき，よりよく生きるための基盤となる道徳性を養うため，道徳的諸価値についての理解を基に，自己を見つめ，物事を多面的・多角的に考え，自己の生き方についての考えを深める学習を通して，道徳的な判断力，心情，実践意欲と態度を育てる。
（文部科学省『小学校学習指導要領』平成27年3月一部改定より）

新学習指導要領をどのように読むか

　平成27年3月に改定された新学習指導要領では，道徳的諸価値の理解をもとに自己を見つめることが強調されている。また，今まで「道徳的実践力」と称されてきた「道徳的心情」「道徳的判断力」「道徳的実践意欲と態度」の順序が入れ替わり「判断力」「心情」「実践意欲」となったことも注目したい。このことから，今までの心情理解に偏った授業ではなく，確かな知的理解にもとづいた心の教育が求められていることがうかがえる。

　道徳的な心情の高まりがあるからこそ，「ああいう人になりたい」とか「こういうことができるようにしたい，やってみよう」というように実践意欲がわくのである。そのような感情の高まりは必要である。しかし，それはただわけもわからずに感動したという，根拠のない心の動きでもないし，「きっとこういうものだろう……」というような，どこかで聞いたような借り物の言葉でもない。生きた言葉で自らの心情を語り，これからの生き方に結びつけていく。それができるのは，知的理解にもとづく納得解を得られたときである。「ああ，なるほど，そういうことか」「ただ何かをしてあげればよいということではなく，相手のために自分ができることを精一杯行うことが本当の親切なんだ」とわかったとき，人から親切にされる喜びが二倍にも三倍にもふくれあがって実感できるわけである。だからこそ，「ああ，この人（登場人物）は，本当にうれしかっただろうなあ」「自分だったとしても，同じことをしてあげたいと思っただろうなあ」というような心情理解に発展するわけである。このように，心情というのはただの荒削りな感情ではなく，道徳的なよさにふれたときにわき起こる人としての心の高揚なのである。

新旧の学習指導要領の違い

　内容についても，新たに取り上げられている指導の配慮事項として，問題解決的な学習，道徳的行為に関する体験的な学習を取り入れることが強調されている。また，いじめの防止や安全の確保のほか，情報モラルや環境，

生命倫理など，現代の社会における課題についても留意するよう記されている。

一方で，よりよく生きるための基盤となる道徳性を養うという点では，考え方は大きく変わっていない。新学習指導要領では，教科化されるにあたって評価についても記されているが，従前と同様に数値評価を行わないことが明記されている。

今日的な課題を道徳の授業で取り上げ，考えさせることで解決に向かうような勘違いがある。例えば，いじめ問題を直接取り上げて，「こういうことはしてはいけないね」と道徳の授業でまとめたとして，その結果いじめがなくなるであろうか。抑止効果があるかもしれないが，根本的な解決にはならないであろう。なぜならその様な学習スタイルは，分かっていることを再確認したに過ぎないからである。はじめからわかっていることを再認識させられても，人は「ああそうだった，これから本気で取り組もう」というような，情動を伴う心の動きにはつながりにくい。心が動かなければ身体は動かない，すなわち，道徳的実践力には直結しないわけである。

実際の授業はどのように変わるか，変わるべきか

教科になるからといって，慌てる必要はない。むしろ，これまでやってきたことを，子どもの目線でよりていねいに行うようにすればよい。例えば，今まで子どもたちの意識の流れを気にせずに読み取りをしていたような場合，同じ資料でも発問を変え，知的理解から情動の高まりをねらい，自然に実践意欲につなげるような展開を考えればよい。その時に大切なことが大本（おおもと）の心（行為を生む心）の所在を明らかにすることである。これが本質的なことであり，本質を見失わなければ，足も

とをすくわれることもない。

知的理解「なるほど，そういうことか」
↓
情的理解「いいなあ，そういう人になりたいな」

> 授業が終わると、いつも「はは～ん」と思い、「自分もそうだとよいのに」と内容がよく身体に入ってくるので、なんとなく楽しいです。

これは6年生の道徳ノートの記述であるが，子どもらしい言葉で学びの流れを説明してくれていてわかりやすい。

評価

評価も変わるというか，どのようにするのかを考えなければいけない。次の項で，具体的に考えていきたい。一つの例として発言がある。発言がたくさんできたから意欲がある，よく考えている，授業として活気があり手立てが上手く機能した。このような評価ができるかもしれない。では，この写真を見ていただこう。

5年生の授業風景であるが，手を挙げている子どもが意欲があり，考えているかと言われればそうかもしれない。しかし，手を挙げていない子はどうかと聞かれると，どうであろうか。中央前から2列目の男子は手を挙げていないから考えていないだろうか。むしろ，深く考えるあまり手を挙げるのさえ忘れているようにも思える。評価は見栄えでははかれない。単純にはいかない。

5 道徳の評価はどのように行えばよいか

これまでの経緯とこれから

評価とは

　道徳が教科化されると評価をどうするかという問題を避けて通れなくなる。教科ではなかったこれまでも、道徳の評価については議論されてきたが、だれも今ひとつ本腰ではなかったように思われる。

　道徳における評価とはどのようなものか。子どもの道徳性を教師が評価できるのか。これは評価する質が他の教科とは異なるために起こる混乱である。

　どのような評価が必要であろうか。または可能であろうか。まずは一般的な評価について考えてみよう。評価には大きく二つのタイプがある。それはAssessmentとEvaluationである。前者は査定とか算定と呼ばれるもので、教育活動に照らし合わせて言えば評定に近い。つまり、数値評価できるようにしたものであり、基準値を示す。後者も評価であるが、こちらは値踏みと訳される。つまり「値打ちがあるかどうかを判定する」という評価活動までを意味する。

　評価の基準、評価の方法、道徳における評価は、私はそれだけでは足りない気がしている。それは何か。評価の方向性とでも言おうか。それをAppreciationという言葉で表現した。

　その三つをまとめたのが次の一覧である。

■目的と評価者

Assessment（査定・算定・評定）
　判　定：評価基準が一律に決められ、そのラインをクリアしたかどうかで合否が決められる。
　評価者：評価基準を把握している者なら誰でもできる。
　→　選別・類別のための評価

Evaluation（値踏み・価値付け）
　判　定：評価規準はある程度幅をもって設定される。極端な場合、被評価者によって変容する。
　評価者：評価規準を設定した人間が評価にあたる。自己評価もあり。
　→　説明責任のための評価

Appreciation（賞賛・承認）
　判　定：判定という理念は当てはまらない。心情的な要素が多く入り、規準は明確にできない。
　評価者：評価者－被評価者という勢力図式は成り立たない。
　→　育てるための評価

何を評価するのか、できるのか

　子ども（人）の心（道徳性）は評価できない。言動は評価できる。変容は見取ることができる。とすると、Assessmentの対象となる

のは言動ということになる。これが危ういことは言うまでもない。就職活動を有利にするためにボランティア活動をするようなものである。ただし，ここでくせ者なのは，点数稼ぎにせよ，後ろ向きな気持ちからにせよ，人に親切な言動をすることは悪いことではないことがある，ということである。だから，ここを目指してしまうような勘違いが起こる。

重要なことは，結果のみを一人歩きさせないことである。結果に至るまでの過程や，大本(おおもと)の心をセットにして見取り，賞賛・承認する。その結果，自らの人間性として定着してきた立ち居振る舞いを意味づけ・価値づけしてやるのである。そのような一環した評価活動の中でこそ，子どもの道徳性は適切な進化をとげるのであろう。

子どもの見取り(評価)方法

子どもが道徳的に望ましいと思われる行為・行動を起こす過程を注視し，その変容や原動力となった大本(おおもと)の心を認め，賞賛し，感謝し，意味づけする評価活動は，やはり文章表記が望ましい。数値評価はなじまない。

「はじめは■■であったが，◇◇に気づき，次第に○○に向かって努力し，□□できるようになった」

「○○さんの◇◇に対する○○な意識がすばらしく，それは友達も認めるところである」

などの具体を通した記述が効果的であろう。

評価の目的

何のために評価をするのか。もちろん「通信票」のためではない。「指導要録」のためでも，進学のためでもない。人として向上するためである。そのためにできる評価は次の三つである。

①授業を評価する
②子どもの変容を評価する
③子どもの自己評価能力を高める

①は，ねらいを達成するために，本時の手立ては有効だったかどうかを評価する。その際，評価の材料となるものは教師どうしの意見交換と，子どもの反応である。

②は，授業中の変容と，授業後の生活場面での変容に分かれる。授業中の変容は授業評価につながる。授業後の生活場面での変容は，子どもの人格形成の見取りとなる。

③は，見る目，考える力，いわゆる道徳的判断力である。問題意識をもって観察し，判断し，行動に移し，それを見取る。これら一連の過程を，自らの判断で行うのである。

平成30年度への見通し

教科化が完全実施される平成30年度に向けて，どのような評価の方法が適切なのかを実践・検証する必要がある。子どもたちの反応を一つの評価として真摯に受け止めていくことも必要であろう。

6-1

道徳の授業をつくる

生きた授業にするために

道徳の授業をつくるとは

「授業は生き物である」と言われる。これは「今を生きる子ども」を相手にするのであるから当然のことではあるが，その真意を深く考えることはあまりないのではないだろうか。それが証拠に，授業研究の向かう方向性は，相変わらず子どもの実態そっちのけで，理想とする授業像に子どもを近づけるスタイルのものが多い。子どもは一人ひとり違うのに，「この資料を使ってこのような展開をすれば，いつでもだれでも思うような反応を得られることができる」授業を追い求めているのである。

だからといって，「水物だからふたを開けるまでわからない」では無責任すぎる。よい意味で，子どもと授業をつくるという発想が必要である。

答えが決まっている

例えば1＋1＝2であることは間違いない。答えは一つである。算数でこれを教えるということは，1＋1の計算のやり方を教えるということになる。なぜ1＋1が2になるのかということに関して考えさせる授業は，あまりないのではないだろうか。

答えが決まっているものに関しては，そうなるのが前提として，どうしたらその解答に効率よくたどり着くことができるかに学習の力点が置かれる。

これを道徳の授業論にあてはめるから大変なことになるのである。「お年寄り＋席を譲る＝親切」というような資料があったとすると，親切が答えであるから子どもたちからこれを言わせようとする。この言葉が出れば授業は成功なのである。そして，どうやったら席を譲れるかという方法論に時間をかける。答え先にありきである。これがわかりきったことを言わせる授業である。

少しスタイルを変えるだけで授業は大きく変わる。例えば○＋○＝2になる数字を探しましょう。とするだけで，答えは一つではなくなる。1.5＋0.5もそうだし，3＋(－1)だって答えは2である。同じことを教えているのに，アプローチが全く異なってくる。子どもたちのかかわりが大きくなり，子どもの数だけ答えがあるようになる。しかし，最終的な到達点は一致している。

学習のねらいからは外れず，本質に向かうけれども，子どもの数だけ，子どもの個性だけ答えがあるような授業を目指したい。

指導案を捨てる

これは誤解を招くのできちんとした説明が必要である。

指導案はきちんと立てるべきである。そうしないと肚が据わらない。自分が何をしたい

のか，子どもたちをどこへもっていきたいのか，何をどのように考えたらよいのかは，書きながらでないとわからないことがたくさんある。

　入念な資料検討，指導案検討を行った上で，授業本番はその指導案に固執しない。固執すべきは，授業を通して指導者が何をしたいのかということと，子どもの意識である。

　教師がねらう方向と，子どもたちの意識にズレが生じた時，往々にして私たち教師は指導案に書いていない（予定にない）発言には，無意識のうちに反応しないことが多い。

　そして，なんとか指導案に書いてある（予定にある）反応を引き出そうとし，ついにその発言が出ると，思わず「そう，その答えを待っていたよ」などと口走ってしまう。実際に，私はそういう授業を見たことがある。口走らずとも，心の中では，（やった，答えが出た。これで授業を終えることができる）などと思ってしまうことがあるのではなかろうか。

　子どもたちの意識が予定したところにいかない場合，指導案通りに行おうとすることはやめ，子どもの言葉・意識に寄り添ってみることも必要ではないだろうか。そこから見えてくる世界は，指導者が想定したものではないから，ちょっとハラハラドキドキものであるが，指導者を新しい世界に導いてくれることが多い。

■子どもから学ぶ

　子どもたちの意識に寄り添い始めると，子どもたちのつぶやきや発言の中に光る原石がたくさん埋まっていることに気づく。

C「先生，この話のタイトル，変えた方がいいんじゃない」
T「え？どういうこと？」
C「○○にした方がすっきりする」
C「だったら，□□というのもあるよ」
T「なるほど，面白いねえ」
C「先生，この話の続きを考えようよ。こういう人ならきっとこの後……」
C「先生，この話，いい話だね」
C「授業終わっちゃうけど，次の時間もこの続きやろうよ」

　次から次へと，止まらなくなる。このような状態になった子どもたち（授業）を，半ばたじろぎながら，半ば楽しみながら眺める瞬間が私は大好きである。

　そういうとき，子どもたちってすごいなあと思う。頭の固い私のような大人の発想を，あっさり飛び越え，新たな境地に入っていく。そういう時間帯は，指導者はいない方がよいのかなとも思う。ましてや指導案など邪魔者以外の何物でもない。

6-2

道徳の授業をつくる

学習課程　授業スタイル

四段階

一般的な指導過程
①導入段階　問題意識を温める
②展開前段　資料の世界で学び合い，問題を追求する
③展開後段　資料から離れ，自分自身の問題として改めてとらえ直す
④終末段階　ねらいとする道徳的価値をまとめ，今後につなげる

このような形が一般的である。ヘルバルトの四段階教授法（明瞭－連合－系統－方法）がベースにあるとも言われている。

①は，問題意識の醸成のほか，資料の読み取りを容易にするための補助的な説明や興味・関心の啓発，本時でねらいとする価値に関連する経験想起などが目的として行われる。だいたい5分程度である。

②は，資料にどっぷりと浸る時間である。感動的な資料が多いため，その資料の登場人物になりきって心情理解を図ることが目的とされる。そのため，登場人物の気持ちを問うような発問が多い。国語の読解指導との違いは何かが問題点として挙げられることがある。

③は，資料から離れて自分のことを考える時間である。資料の中で考えた価値のよさを自分自身の生活につなげ，比較するのである。資料の中の価値観が高ければ高いほど，現在の自分との乖離が大きく感じられ，「理想と現実」，「建前と本音」のギャップが大きくクローズアップされてしまうことがある。そうなってしまうと，この局面においてこれまでの感動が急にトーンダウンしてしまい，反省タイムとなってしまうこともある。

④は，教師の説話だったり，児童の感想発表だったり，ゲストの話だったりする。本時の価値内容に関連することのエピソードや補強となるような話が選ばれる。時には，あえて大人の失敗談が語られることもある。

これを基本として，「つかむ－気づく－高まる－広がる」などというように，一連の学習過程をキーワードで表すことも頻繁に行われる。

教材研究・学習準備

資料の中の登場人物の変容を時系列で追い，およそ三つの場面を選択する。その場面ごとに心情の変化を追うため，場面絵を用意し，その場面ごとにふさわしい発問を考え，短冊黒板やカードに書き込んで準備しておく。実際の授業では，それらの学習物を駆使して，スムーズに読み取りがなされるような「練習」をすることが事前準備となる。

このようにして作り上げられた「授業スタイル」をもとに，私たちは日々研鑽し，積み

上げを図っている。

「授業スタイル」から「授業ストーリー」へ

平成30年度から教科となる道徳。今こそ，「スタイル」からの脱却を図るべきである。「スタイル」とは，あくまでも決まったレール上を走っているにすぎない。心を学ぶ教科がそれでよいのであろうか。道徳が教科になって，「スタイル」を追求すれば，それはとても危険なことである。我々は同じ人間を育てようとは思っていない。心ある人，個性豊かな人を育てたいと願い，道徳は教科となる。であるなら，「スタイル」ではない「ストーリー」を重視した授業過程を考えるべきであろう。子どもたちの思考を大切にした「ストーリー」のある展開こそ，特別の教科にふさわしい。

新しい授業ストーリー

子どもたちの生き方に寄り添って授業を考えれば，授業に「ストーリー」がうまれてくる。そのような道徳の授業は明るく，子どもたちが生き生きとしていることが多い。それは，自己の生き方をつくりだすことで，自己肯定感を高めているからである。このような姿を求めるために，従来の道徳の授業スタイルである「導入段階・展開前段・展開後段・終末段階」から，「きっかけ・方向性・生き方づくり」と変えて，授業ストーリーをつくりだしたい。

①きっかけ

導入段階は，きっかけである。子どもたちの「考えたい」「考えてみたい」という意欲が大切である。この意欲は，子どもたちの生活の中からスタートする。よって，教師がいくらスタートさせても，子どもたちにその問題意識（問いの意識）がなければ，考えたい姿は見られない。つまり，教師がねらっている内容項目について，子どもたち自らが「考えよう」と自覚しなければならない。

②方向性

展開前段・後段は，方向性である。人間のよさへ向かう「いいな」を子どもたち全員に味わわせたい。方向性とは，みんなで話し合いながら，これからの生き方を方向づけることである。よって，教師と子どもたちの一問一答のような授業ではなく，教師も子どももいっしょに話し合う空間をつくりだすことが大切である。

③生き方づくり

終末段階は，生き方づくりである。まさに，自分づくりである。仲間や教師と考えを切磋琢磨し，自分なりの考えをつくることが大切である。自分の考えをつくるとは，子どもたちが自分の考えをまとめることである。道徳の時間に，子どもたちは全力で考え，仲間と協力して，自己の生き方をつくりだすのである。

このように，従来の授業スタイルから子どもたちの思考を重視した授業ストーリーへの転換を図りたい。そうしなければ道徳が教科になっても学びはなくなるだろう。

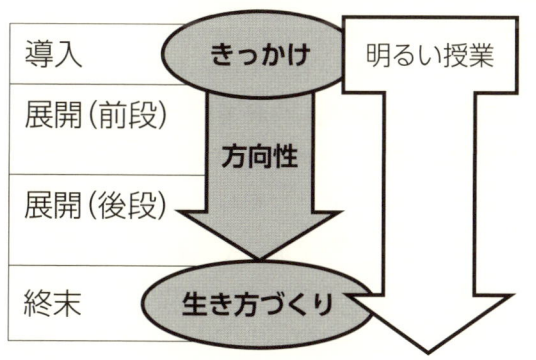

6-3

道徳の授業をつくる

導入の意味

導入の意味

導入には，次の二つの目的がある。

①本時の道徳授業に入るための構えをつくる。

この構えには，資料への構えと価値への構えがある。

よく「資料への導入」「価値への導入」などと言われるが，どちらも腰を落ち着けて考えようという心構えをつくるという意味では同じである。ただ，「資料への導入」は資料の世界に浸らせる必要がある場合に用いることが望ましい。「価値への導入」は，じっくりと考え話し合って，価値理解の補充・深化・統合を図るねらいの時に行うと効果が大きい。使い分ける必要がある。

②本時の授業でねらう学習内容をどのくらい理解しているかという実態把握。

子どもたちの理解度はどのくらいなのかという把握もさることながら，子どもたちがどのような思いや願いをもち，どのあたりに問題意識が向いているかを把握するということも，導入の大きな目的である。

導入段階で子どもたちの本時の授業に対する構えが決まるといっても過言ではない。つまり，導入の仕方次第で本時の流れが左右されてしまうのである。全体としては5分程度の短いパートではあるが，そのもつ意味はかなり大きいということを認識すべきである。

資料への導入

一般的に資料をより深く読み説き，理解を促すための方策である。一つひとつの場面を区切って，登場人物の心情を読み説いていく，いわゆる「場面発問型」の授業に多い。

資料に出てくる素材の模型を作り，実物を登場させて子どもたちの興味・関心を引くと同時に，実感を伴った読みになるような配慮がなされる。しかし，あまり度が過ぎると，表面的な資料への興味・関心が主になってしまい，肝心の考えさせたい深い部分への理解がおろそかになることがある。そうなってしまっては本末転倒である。何人もで手分けして場面絵を描いたり，実物を取り寄せたり，大きな模型を夜なべ仕事で作成したりした，涙ぐましい努力が逆効果にならないよう留意したい。

価値への導入

「本当の○○」は何か，というような，授業全体を通して追究していくようなテーマを掲げ，それを解き明かしていくスタイル，いわゆる「テーマ発問型」の授業に多い。このような展開の場合，資料はテーマを紐解いていくための一つの手立てになり，資料から学ぶというよりも，資料を通して見いだしていくという形になる。資料が唯一の拠り所とはならないので，授業展開の中で子どもたちが自ら

の体験を重ねて考えたり，友達の意見をもとにしたり，教師が適切な問いかけや指導を行うことが重要な要素となる。これらがうまく機能したとき，授業は大きく動き，既定路線を当たり障りなく進むような展開とは一線を画するようになる。予想できないような展開となることもあるため，冒険型などと言われることもあるが，子どもたちは自分たちで考えたという満足感を覚え，主体的な学びを保障する展開とすることができる。いわゆる生きた授業となるわけである。

導入のしかた

①知っていることをひっくり返す。わかっているつもりでわかっていなかったことに気づかせる。

「あれ？ 思っていたことと違うけど，間違っていない気がする。どういうことだろう」というように，子ども自身を考える主体にする。例えば，「正直にすることはよいことですね。では，何でも言っていいのですね」と問いかける。すると「正直にしてはいけないときがありそうだ。どうやって見分けるのだろう」というように意識が学びモードになるのである。

②事前のアンケートや子どもの日記などを通して，子どもたちの問題意識を把握しておき，それらの問題を解決するためにはどうしたらよいかを考えさせる。

子どもたちが抱えている問題だけでなく，「どうして○○なのだろう」とか，「こういう人になりたいな」などという理想を追い求めたいという動機も大切にしたい。子どもたちの方から「先生，○○についてもっと話し合った方がいいと思うので，授業で取り上げてください」などと言ってくる場合もある。右上は私が担任した6年生の問題意識である。

> よい，悪いは，必ず基準があって言っていること。必ずどこかに基準があるはずだから，それを授業でやってください。それと，正義というものを，いとも簡単に言っているけれど，その正義についてしっかり学ぶ時間をください。そうしないと，中身が抜いてある道徳になってしまうと考えているので。

③変容を自覚させるため，授業前の意識調査をしておく。

「友達だからできることは？」と投げかけ，出てきた考えを板書しておく。その際，出てきた考えを類別化して板書してやると，子どもたちは発表しやすい。

板書した子どもたちの「予想」が合っているかどうかを展開時に扱ってやれば，子どもたちは考えることを楽しむようになる。また，指導者が授業中に「おや，みなさんは友達だから協力できると言ったけれど，この話のAさんは，協力はしていないようだね。なのになぜみんなはこのAさんのことを間違ってはいないと思うの？」と，問い返してやるのである。

子どもたちはムキになって考え，反論してくるであろう。終末で「最初は○○と考えていたけれど，授業の中でここに気づき，最後は□□となりましたね」というように，子どもたち自身の変容を自覚させることもできる。

6-4 道徳の授業をつくる

板書を変える

板書を変える

　道徳に限らず，授業でつくりだされた板書は，宝物である。そもそも板書は，子どもたちが協力してつくりだす大きなノートであり，子どもたちの思考過程を表現したものである。そのため板書は次のような意味をもつ。

○授業の導入では，子どもたちが「考えよう（考えなければ）」と思うように問題提起することや資料を読む前の子どもたちに「今，自分（たち）はこう思う」という考えを，黒板に書いてはっきりさせることができる。

○授業の展開では，内容項目についての考えを黒板に書き，友達と比較したり，交流したりすることができる。

○授業の終末では，自分の考えを板書の中から再発見し，自分の考えを再構築させることができる。

　このように板書は，子どもたちの思考過程を表現しているのである。だからこそ板書を一つの作品として，子どもたちの意識を高める必要がある。

　よって，いちばん大切にしたいことは，板書を子どもたちのものにすることである。つまり，板書を子どもの思考に沿ったものにす

るのである。板書に縦書きも横書きもきまりはない。自由に，そして大胆に，自分たちの考えがはっきりする板書をつくるべきである。板書を変えることで，自己の生き方をつくりだすことができると言っても過言ではない。

板書は子どもたちの思考過程

　板書を，右から左に書かなければならないとは，学習指導要領のどこにも書いていない。もちろん，右から左に書くこともあるし，左から右，上から下，中央から端などさまざまな板書が考えられる。子どもたちにわかりやすく理解してもらうために，思考に沿ったものを柔軟に自由に考える。

　よく短冊などを貼り，計画通りに見栄えよくつくりだされる板書を見ることがある。しかし，子どもたちは操り人形のような思いをするだけで，子どもが生き生きとした授業とはなりにくい。教師の「板書計画通りでよかった」というコメントを聞くと，本当によかったのかと疑問を感じる。指導案の項でも述べたが，板書の計画はしても，最後は捨てたほうがよい。計画はあくまでも計画。「板書は，子どもとともにつくるもの」と覚悟を決め，キャンバスに絵を描くように，子どもたちと板書をつくりだしていただきたい。板書が変われば，子どもも変わるはずである。そうはいっても，どこから，どうやって板書計

画をすればよいのかわからない。

そこで,今までの実践からいくつか例を紹介するので,参考にしていただきたい。

子どもの思考過程に合わせて,板書を考えるといくつかのパターン(型)がみえてくる。

板書① 拡散・発展型

板書①は,「生命尊重」における4年生の板書である。ここでは,「いのち」を黒板の中心に書き,「いのち」の考えを拡散する。拡散した考えを,まとめていきながら自分たちの生き方へ発展させていく板書である。

板書② 回帰・循環型

板書②は,「勤労」における2年生の板書である。ここでは,「はたらくとは,いかなることか」いう問いを考えていく。最後のまとめが最初の問いに回帰する。それが,生活の中での勤労に循環している板書である。

板書③ 比較・発展型

板書③は,「節度」における3年生の板書である。主人公の姿の変容を比較して考え,そこで見えてきた考えを,さらに自分たちの考えに発展させるのである。

子どもが参加する板書

授業が終わって,何人かの子どもたちが黒板に集まり,話し合いの続きがはじまったことがある。また,授業では言い足りなかったことを付け加えにくる子もいる。

板書は,子どもたちにとって,野球場や劇場のような思考フィールドなのである。そのような意識をわれわれ教師が大切にしたいものである。だから,授業中も板書に参加させ,

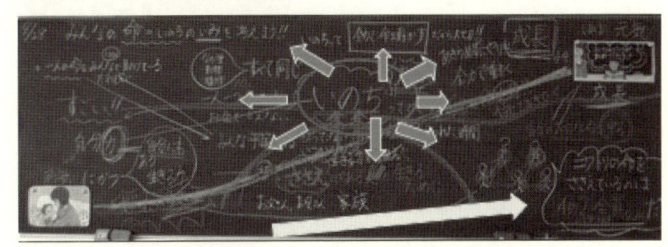
板書① 拡散・発展型

板書② 回帰・循環型

板書③ 比較・発展型

子どもたちが自由に表現できる場を設ける必要がある。

本当の意味での子どもたちを大切にするとは,子どもたちが考えを自由に述べ,みんなで議論し,よりよく生きることのすばらしさを理解させることではないだろうか。だから,板書計画は計画にすぎないのである。

子どもたちの思考の共有・共感スペースである黒板は,子どもたちに解き放つ究極の教育アイテムなのかもしれない。全国の先生方,教科になる道徳における板書への意識を再考していただきたい。今こそ,板書を変えることを。そして,板書で変わることを。

6-5

道徳の授業をつくる

発問の吟味

発問の吟味

　道徳の授業の発問でいちばん多いのは「このとき、主人公の○○はどんな気持ちだったでしょう」という類のものであろう。ところが、このいわゆる心情道徳と言われるスタイルには以前から課題も多く提示されている。この発問では、わかりきったことを言わせるだけになってしまい、子どもたちは本気で考えることは少ない。

　例えば、低学年の資料『はしのうえのおおかみ』では、「いじわるをしているときのおおかみさんの気持ちはどんな気持ちだろう。」と発問する。「おれは強いんだぞ。」「みんな弱いからいばってやれ。」などの表面的な答えが返ってくる。これでは、人間のよさではなく、人間のよわさを考えてしまい、暗い道徳の時間となる。

　「このときの気持ちは、このときの気持ちは……。」と場面ごとに発問を連発し、当たり前の答えを求められるので授業では楽しくなく明るさが減っていく。

　『はしのうえのおおかみ』は、いじわるをするおおかみがくまに出会い、いじわるをしないおおかみに変容する話である。だから、発問は「どうしておおかみは変わったのかな。」となる。

　資料を俯瞰したおおかみの変容を問う（発問する）ことで、人間の本来もっている『忍びざる心』（人間のよさ）にふれながら考えることができる質の高い発問ができるのである。教科になる今こそ、発問の吟味をすべきである。

資料と発問

　優れた資料には、必ず人間のよさが書かれている。そのよさについて、子どもたちと考えると明るく楽しい道徳の時間になる。難しく考えずに資料の中にみえるよさを考えられる発問をすればよいのである。

　よって、資料から発問を吟味するには、次のような手順が必要となる。

---

①優れた資料を素直に読み、選ぶ
　→　人間のよさがみえる資料を
　　　人として読んで選ぶ
②子どもたちと考えたい問いをつくる
　→　よりよく生きる根拠を探る
　　　問いをつくる
③教師がその根拠を構造的に考えておく
　→　先に生きている人として
　　　考えをまとめる

　資料からみえてくる「よりよい人間の生き方を考える発問」を吟味すれば、子どもたちは自己の生き方をつくることができる。それが、子どもたちの「わかった」「おもしろい」という喜びにつながり、明るく生き生きとした

道徳の授業が展開される。そのような授業こそ，教科として求められている道徳だといえる。今こそ，発問を吟味していきたいものである。未来の大人である子どもたちのために。

子どもの問いから発問をつくる

教科としての道徳の授業を進めるためには，発問の吟味は必然である。その発問は，子どもたちのための問いでなければ，明るく生き生きとした授業はつくれない。よって，発問は下の図表のように子どもの問いが深まっていく発問をつくりだしたい。そして，子どもたち自ら人間のよさに向かう問いかけになるような発問を吟味したい。

> ○まず，「問い」は，子どもの生活の中にある。
>
> ○つぎに，「本物の問い」が授業の中に連続することで，自ら考えだす。
> **「問いが問いをうむ」**。
>
> ○そして，自己の生き方を問う
> **「自分に向かう問い」**となる。
>
> ○さいごに，「問い」は
> **人間のよさに向かう「問いかけ」**となる。

発問の質を高める

そもそも発問には，場面を問う発問と生き方を問う発問の大きく二種類にわけられる。これは，発問の対象や大きさによって異なるものだが，「生き方を問う発問」が「場面を問う発問」を包括しているように考えられる。教科になる道徳においては，従来の「場面を問う発問」の数を減らしながら，「生き方を問う発問」をメインに考えることが重要なのではないだろうか。それは，よりよい人間の生き方を目指すために何が大切なのかを考えることができるからである。よって，次のような点に気をつけて発問を吟味し，質を高めたい。

> ①**子どもたちと考えたい発問**
> よりよく生きることができる根拠を探る問いをつくる。
> ②**子どもたちの今後の生き方へつながる発問**
> よりよく生きていこうとする意欲的な問いをつくる。

発問を変える

以上のような考え方をまとめると教科に向けて発問を変えることが急務である。具体的な発問として，以下の二点を挙げる。

①**比べる発問**

先に述べた『はしのうえのおおかみ』でも例示した発問が，比べる発問である。「どうしておおかみは変わったのか」を問う発問は，いじわるなおおかみと親切なおおかみを比較しているのである。このように主人公の姿が，よくない生き方からよりよい生き方へ変容している資料は意外に多い。その変容を比べる発問で問えば，人間のよさが考えられる本物の発問となる。

②**本質に迫る発問**

教師が一人の人間として資料のよさを感じ取り，自ら問いとなる本物の問いをつくることが本質に迫る発問である。例えば「本当の友達とはなんだろうか。」「この涙の意味はなんだろうか。」など心をつかむ発問一つで，子どもたちは考えはじめ，生き生きと自分を語りはじめるのである。

6-6

道徳の授業をつくる

ノートで考えをつくる

ノートで考えをつくる

　道徳もいよいよ教科となる。教科になるということは，教科書もできるということである。それに伴い，学びを蓄積するノートを使うことを考えたい。では，道徳ノートに何をどう書かせればよいのか。教科になるだけで不安な気持ちがさらに増幅してしまう。

　道徳ノートについては，簡単に考えたい。それは，子どもたち自らが自分の考えを，そのまま表現するノートにすればよいということである。それだけでよい。自分の思い，考えを文字に表出することは，自己実現や自己肯定感を高めるためにもとても大切である。そのために，道徳ノートには次のようなことを書くことにする。

○授業中の気づき，感動，疑問点，考えたことをできるかぎりたくさん書く。
○自分の考えをまとめ，短い言葉(キーワード・詩など)で書く。
○家庭に帰り，家族と話し合ったことやインタビューしたことを書く。
○友達と交流して，自分と違う意見や心が動いた意見をたくさん書く。
○ふだんの生活の中で，自分の考えがさらに広がったり深まったりしたことを書く。

　このように，ノートには授業の記録だけでなく，思考の広がりや授業と実生活をつなぐという意味・役割も含まれる。

児童の実態に合わせた道徳ノート

　以上のような視点を大切にして，自分の考えを書くことは，自己の生き方をつくることになる。そして，(言葉を通して)理解できたという実感が，「うれしい」というよろこびを生み出す。その連続で，子どもたちの心は豊かになっていく。それが，よりよく生きることにつながる。ここで道徳ノートの書くポイントを学年の発達段階に応じて補足しておきたい。「書く」という言語活動を，子どもの実態に合わせたよりよい道徳ノートづくりという形で作成してほしい。

低学年……まだノートに文字を書くことも難しいので絵や短い言葉で自分の考えを表出させ，そのよろこびを実感させて，自分の生き方への意欲につなげていけるようにしたい。

中学年……ノートをとる力もついてきたので，短い言葉でたくさんの言葉を書いたり，詩を書いたりして自分の考えを表出させ，自分のよさをよく理解し自分を積極的に高める活力にしたい。

高学年……自分の考えだけではなく，友達の意見や先生の意見も取り入れなが

ら自分のオリジナルのノートをつくり、自分のよりよい生き方への糧となるように、自分の考えを表出させ、自分づくりをさせたい。

ノートづくりは自分づくり

以上のような発達段階をふまえ、すてきなノートづくりを通して自分づくりができるようにしたい。このように、自分の考えを表出する(言語化する)ことで、自分の考えを多くの人と交流でき、本当の意味での自分づくりができるのである。

つまり、道徳ノートづくりによって、自己の生き方をつくりだすことができるのである。

下は、『鑑真和上(光文書院6年)』における道徳ノートである。

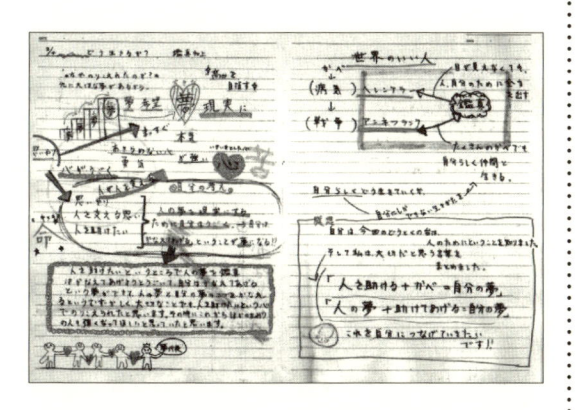

文字だけではなく、絵や図、矢印なども入れて授業の内容を自分なりにわかりやすくまとめている。さらに、自己の生き方について発展させて書いてあることがわかる。

そして、授業後に道徳ノートをより多くの友達と交流する。そうすることで、下のような考えがうまれるのである。

> 私は、夢に終わりはないんだなと思いました。人のためにやり続け、みんなのしあわせのために、自分のすべてをかけるって、かっこいいなと思いました。Yさんのノートにある「自分が好きなことを人のためにする」という言葉が心に響きました。人のために、なにかすることは、やっぱり自分も好きじゃないとやれないと思います。
> 私はこれから、まず自分の好きなこと・やりたいことを見つけて、やり続けていきたいです。そして、いつかそれを人のために行い、どんなかべものりこえていける人になりたいです。人のためにできる今できる精一杯のことをして、自分らしい人生にしていきたいです。

友達と道徳ノートを交流することは、とても大切である。それは、自分の考えを拡充させてくれるからである。自分の心に響く言葉を集め、自分の考えを書くことで、道徳ノートが自分づくりノートに変わっていくのである。下は、友情について学習したときの道徳ノートに書かれた詩である。詩のような短い言葉でも、学んだことを生かし、自己の生き方へつなげていく言葉が表現できていることがわかる。道徳ノートは、自己の生き方づくりのノートといっても過言ではない。

> **本物の友だち**　I・U
>
> 本物の友だちは
> おたがいの
> 心と心をむすんでくれる
> リボンがある
> そのリボンは、ほどけない
> おたがいの気持ちが
> わかりあえるのが
> 本物の友だち
> 友だちは
> お金なんかできない
> 友はけんかして
> 仲直りをして
> きずなが深まり
> 友だちから親友へとかわっていく
> わたしは
> 「本物の友だちをつくりたい」
> 友だちっていいな〜

7 ねらい（目標）はどのように立てればよいのか

ねらいの具体化

ねらいの具体化

　指導案に書かれるねらいは，学習指導要領からそのまま抜き書きということが多い。それでは幅が広すぎて本時の具体的な内容は見えてこない。本時の展開も，評価の観点も曖昧になってしまう。ねらいは，本時で使う資料と，本時の学習を行う指導者の思い，児童の実態から下ろしてくる必要がある。それができて初めて，ねらいは生きたものとなり，本時の展開を見通すものとなる。

ねらいの具体化・複数化

　通常のねらいは一つである。例えば，高学年の友情，信頼の内容項目は，

　○友達と互いに信頼し，学び合って友情を深め，異性についても理解しながら，人間関係を築いていくこと。

である。確かにこの中に必要な要素は網羅されていると言ってよいであろう。だからこの文言の後に「心情を育てる」と書けばできあがりである。しかし，このねらい設定は，どの資料，どこの児童でもあてはまる（あてはめるべき）内容であり，一般的すぎる。そこで，次のように変えてみる。

　○相手が聞いてくれることを信じて自分の意見を出し合うことのよさが分かる。
　○相手を認め，互いに自分を出し合いながらよりよい生活をしていこうとする。

　このように，ねらいを具体的に立てるためには，そのような目で資料を読まなければならないということである。当然，資料に合った内容・展開が決まってくる。それが決まれば，自然に本時の展開も決まってくる。それに呼応して，評価の観点も明確になってくる。ねらいを達成できたかどうかを見取ればよいからである。授業における手立てが有効であったかどうかは，ねらいをいかに達成できたかどうかを評価すればよい。これができていたかどうかは，子どもの変容から見て取ることができ，それがそのまま授業評価につながる。このように，具体的なねらい（目標）を立てるとは教科化における道徳において最も重要なことなのである。ここで初めて，指導と評価が一体化するのである。

資料の読みと評価方法

　くり返すが，指導と評価の一体化においていちばん大切なことは，ねらい（目標）をどう立てるかである。ねらい（目標）が具体的に設定されていれば，そのねらいをもとに子どもたちを評価できる。

ねらいを具体的に立てるためには，次の二点が重要であろう。

> ①学ぶべき内容項目をどのように理解すればよいのかを資料から明らかにすること。
> ②資料からみえる姿とみえない心の関係を整理して，人間のよさを生むものは何か構造的に考えること。

そして，子どもたちが具体化されたねらいにどれほど近づけたのかということを評価するためには，次の二点を大切にしたい。

> ①道徳ノートなど自分の考えをより明確に記述させて，互いにシェア(共感)する。
> ②子どもたちが気づいた(子どもたちがもっている)人間のよさを言語で伝える。

知・情・意

「知・情・意」とは，人間のもつ三つの心の働きである。それぞれ知性と感情と意志を示す。この考え方を基盤にして，道徳の授業におけるねらい(目標)を設定することができる。以下，詳しく述べていく。

知……道徳の授業における知性とは何か。それは内容項目をいかに理解したかでありその理解をもとに自分の考えを明らかにできたことである。子どもの言葉で言えば「ああ，わかった。」「そういうことか。」である。

情……道徳の授業における感情とは何か。それは，自分がもっているよい心に感動することである。ここで言う感動とは，うれしいという心の動き(情動)である。子どもの言葉で言えば「自分にもこんな心があるんだ。うれしいな。」である。

意……道徳の授業における意志とは何か。それは，これからの生き方へつなげていこうとする意志であり，よく生きようと意欲的に生きることである。子どもの言葉で言えば「ようし，もっとこうやって生きていくぞ。」である。

先ほどの友情，信頼の授業のねらい立てを例にとれば次のようになる。

知……友達は，喜怒哀楽を共感できる存在であり，困ったときに支えとなってくれる存在であることがわかる。

情……自分にも，たくさんの友達がいて，ともに相手のことを真剣に考えて行動しようとする心があることに気づき，感動する。

意……これからの生活の中でも，心を通わせることのできる本当の友達を増やしていきたいという意欲をもつ。

このようなねらい(目標)ならば，授業中の評価も授業後の評価もしやすいように思う。このように，教科となる道徳の授業のねらい(目標)を具体化させることで，子どもたちのすばらしい心の成長をきちんと評価できるのではないだろうか。

第2章
実践編
～実践から くわしく学ぶ～

実践Ⅰ

編著者である加藤・竹井 両先生による授業実践。授業のポイントを明確にし，流れにおける板書等の具体例や，子どもの反応を掲載。
　実際の授業でも使用しやすい，「問い返しの引き出し」つき。

実践Ⅱ

八名の先生による授業実践を，導入から終末まで七つの視点から解説。「子どもが変容したポイント」は，漫画でわかりやすく表現した。
　編著者である加藤先生のアドバイスつき。

第2章 実践編
低学年

『二わの ことり』	実践Ⅰ 実践Ⅱ	P.34-37 P.38-43
『はしの うえの おおかみ』	実践Ⅰ 実践Ⅱ	P.44-47 P.48-53
『ぐみの木と 小鳥』	実践Ⅰ 実践Ⅱ	P.54-57 P.58-63
『モムンと ヘーテ』	実践Ⅰ 実践Ⅱ	P.64-67 P.68-73

低学年　主題名　ともだちの　きもちを　おもう　こころ

二わの　ことり

1 主題を通して考えたいこと

　友達の気持ちを思うとはどういうことか。二つの観点がある。
①友達の気持ちを思うことと，他人の気持ちを思うことの違いは何か。
②友達の気持ちを想像することと，思いやることの違いは何か。

　この二点を考えることは，実は大人もあまり深く行っていない。「言われてみれば……」といった感じであろうか。これを考えるだけでも授業は面白くなる。

2 内容項目について

[友情，信頼]
[第1学年及び第2学年]友達と仲よくし，助け合うこと。

　「友情，信頼」であるが，1年生という発達段階を考えると，「友達と仲よくするということはどういうことか」を考えさせることが第一歩だと思われる。仲よくするといっても，多様な様相が考えられるからである。学級といった不特定多数の子ども同士が集まっている集団の中での友情には，「とりあえず身近で気が合いそうな仲間と生み出す」友情と，「相手の気持ちを思いやる中で生まれる」友情とがある。信頼とは互いのことをよく知り，思いと思いのやりとりの中から紡ぎ上げるものである。そう考えると，前者からは本当の信頼は生まれにくいともいえる。

3 資料について

あらすじ

　同じ日に，うぐいすとやまがらの両方から招待を受けたみそさざいは，はじめはうぐいすの家に行く。ここは友達も多く，ごちそうもあり，居心地がよい。しかし，やまがらが気になり，うぐいすの家をあとにする。やまがらの家には案の定だれも来ておらず，涙を流して喜ぶやまがらを見て，「こちらに来てよかった」と思うのだった。

資料をどう読むか

　うぐいすの家とやまがらの家は，「不特定多数の集団」と「思いのやりとりができる集団」として，大変対照的に描かれている。この二者を対比して考えさせることで，両者の質の違い，友達としてのあり方などが，おのずと見えてくる資料である。

実践Ⅰ >>> 二わの ことり

私はこう授業した
筑波大学附属小学校教諭●加藤 宣行

本時の授業 Point
うぐいすの家とやまがらの家の友達を比較する。

●比較するのは「うぐいす」と「やまがら」ではない。「小鳥たち」と「みそさざい」でもない。「うぐいすの家にいるときのみそさざいⒶ」と「やまがらの家に行ったときのみそさざいⒷ」を比較をする。それによって，友達としての質の違いが見えてくる。

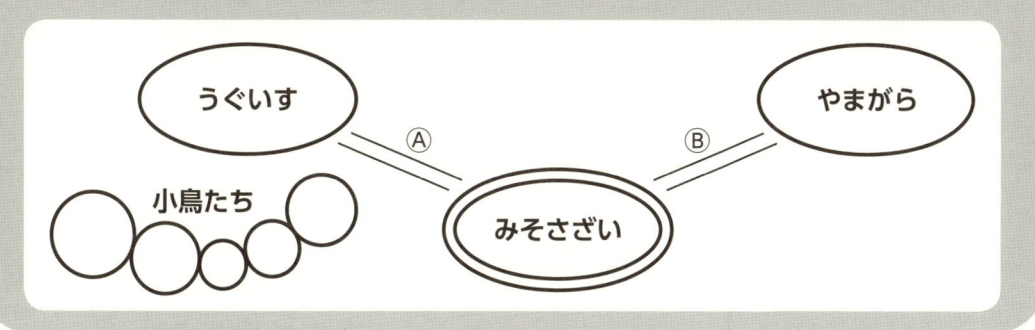

```
   うぐいす                         やまがら
         \ Ⓐ                  Ⓑ /
  小鳥たち    みそさざい
```

1 授業の展開

導入
○「友達だから……」の次に言葉を付け足してごらん。
・仲がいい。 ・優しくする。 ・助け合う。 ・楽しい。 ・遊ぶ。
※資料を読んだあとに，上記の発問を行う。これで仕込みは十分である。この導入での意識の押さえがあとにつながる。

展開
○じゃあ，うぐいすの家の方がいいね。だって，みんな仲よくしているし，優しいし，助け合うこともできるし，楽しいし，みんなで遊べるから……。
※子どもたちは「なんだかよくわからないけれど，やまがらの家に行ったみそさざいが，友達として魅力的に感じる」のである。そのわけを考えさせることで，質の高い友達観が見えてくる。

終末
○「友達だから……」に，今だったら何と付け足しますか。
・思いやることができる。 ・大切にできる。 ・親切にできる。 ・わかり合える。
・楽しさ百倍になる！ ・悲しみは半分になる。 ・助け合いができる。
※導入時と同じ問いかけをして，本時の学び，子どもたちの友達観の質的変容を見る。授業を評価する上でも，重要な観点となる。

2 板書講座

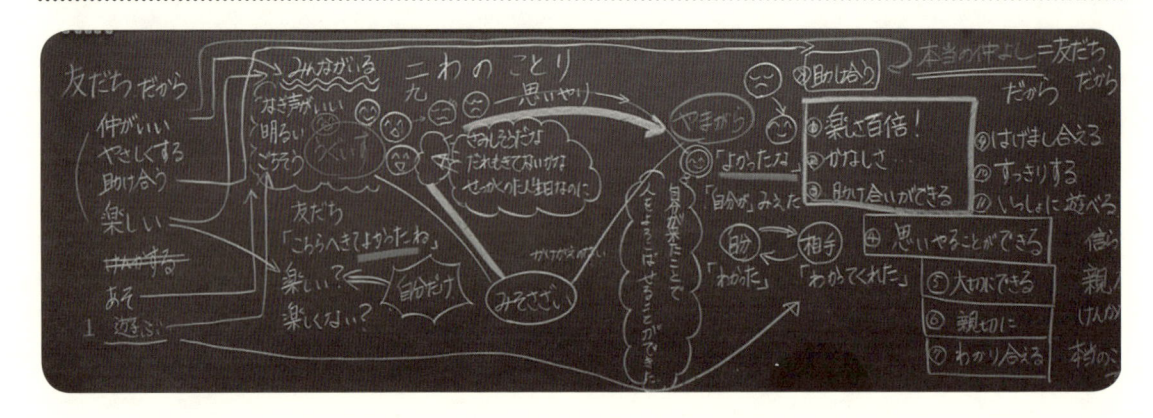

　二者の対比構造をひと目でとらえさせるには，図で表すとわかりやすい。その上で，「どちらが楽しそうか」「どちらが居心地がよいか」「自分だったらどちらに行くか」「両方の友達は同じか」「どちらのみそさざいと友達になりたいか」等々を聞いてやればよい。あとは子どもたちがおのずと考え始めるであろう。

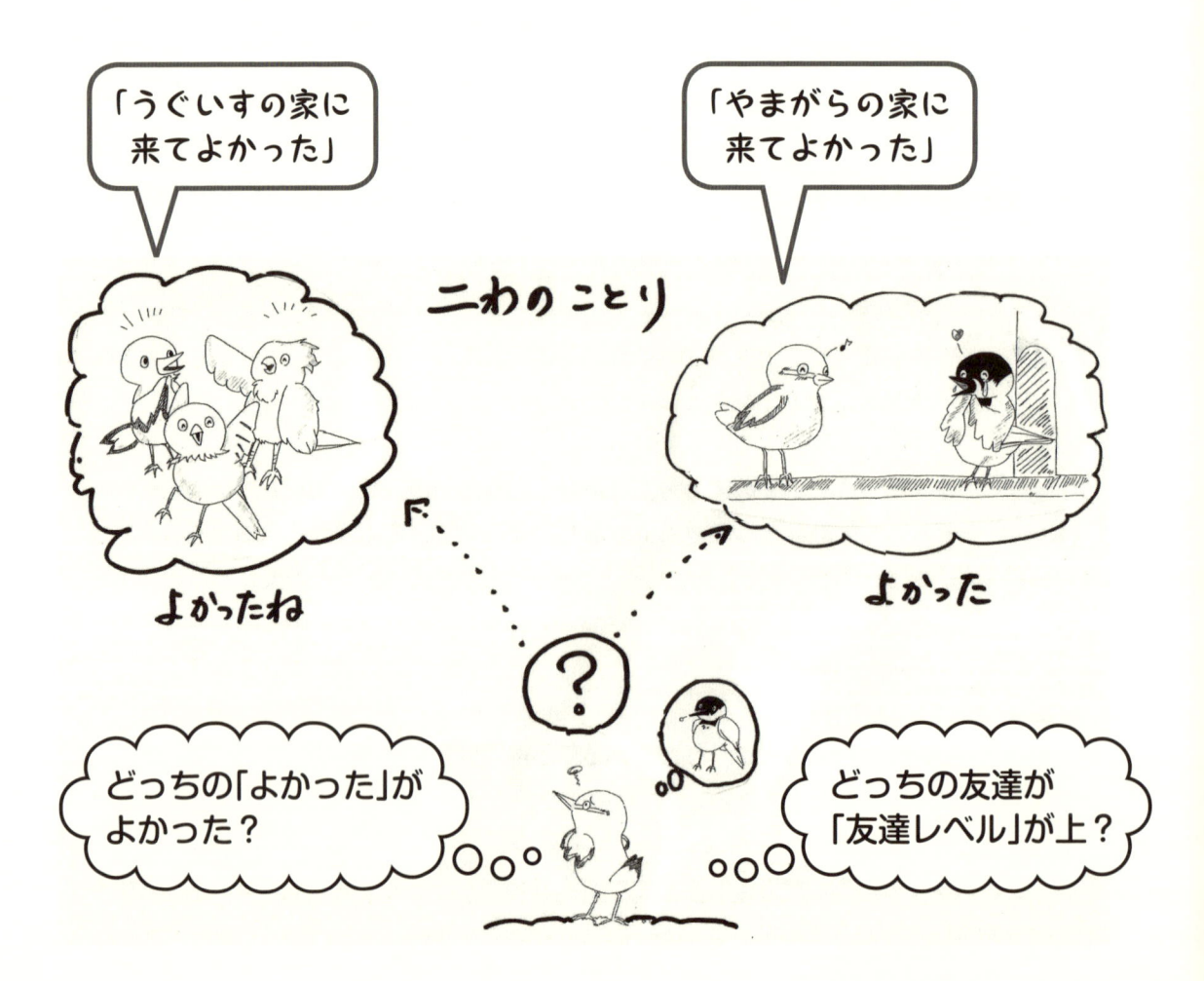

「うぐいすの家に来てよかった」

「やまがらの家に来てよかった」

二わのことり

よかったね　　　よかった

どっちの「よかった」がよかった？

どっちの友達が「友達レベル」が上？

3 子どもの反応

　ここでは6年生で授業を行ったときの，大変興味深い反応を紹介したい。私は，このような発想・反応をする子どもたちを，ただただ感心して見ているだけであった。1年生には1年生なりの，そして6年生には6年生なりの考え方，気づきがある。すごいなと思った。

> - やまがらの家にいるみそさざいの方が（うぐいすの家にいるときより）存在感がある。
> - 先生，「二わのことり」の「二わ」はだれのことなんだろうね。
> - 「二羽」ではなくて「二輪」じゃないかな。うぐいすの家と，やまがらの家の輪。
> - この「よかった」は「このような輪がないほうがよかった」ということではないかな。
>
> 　頭だと損か得かで考える。そして心だと善か悪かで決めると思う。絶対にうぐいすの所の方が楽しいし，得だ。うぐいすの所が悪ではない。が，みんながいるうぐいすの所より，だれもいないやまがらの所へ行く方が，たくさんの人がハッピーになり，善だ。
> 　「よりよかった」は何だろう。私は，全員がひとつになることだと思う。みんなが集まって，みんなで楽しむことが一番の「よかった」だと思う。
> 　価値を認め合える人＝自分の存在を認めてくれる人＝自分の存在を一番必要としてくれる人だと思う。そうなると，うぐいすには，本当の友だちはできにくいのかなと思う。たくさんの友だちはいても，価値を認め合える人はいないと思う。
> 　私ははじめ，ふつうの「羽」だと思ったが，友だちの意見を聞いて「環」かなあと思った。「輪」は円や丸のようなもので，「環」はつながりのようなものだと感じたから。

問い返しの引き出し

○うぐいすの家にいる小鳥たちとやまがらの家にいるみそさざいの違いは何でしょう。
○みそさざいは，やまがらがかわいそうだから，仕方なしに行ったのでしょうか。
○うぐいすの家にいるみそさざいとやまがらの家にいるみそさざい，どちらと友達になりたいですか。それはなぜですか。

まとめ

　やまがらの家にいったみそさざいの道徳的なよさは必ずある。しかし，うぐいすの家にもよさはあるし，それらの比較を超えたよさもある。やまがらの家に行ったみそさざいの気持ちを考えさせるような限定的な価値観に子どもたちを追い込むことなく，主体的に，自由に考えさせながらも，友達観の構築というねらいに向かわせたい。

実践Ⅰ　二わの　ことり

実践Ⅱ　>>>二わの ことり　　　　東京学芸大学附属竹早小学校●竹井　秀文

本時の授業Point
「本当の友達とは何か？」を考える。

- 子どもたちに「本当の友達ってどんな友達ですか」と問いかけると，時間が止まったような静けさができることがある。それは，「本当の友達」というイメージはもっているが真剣に考えたことがないため，言葉にならないのである。
- 本実践では，子どもたち一人ひとりが本当の友達について語れるようにすることがねらいである。それがたとえ1年生だとしても同じである。本当の友達とは，互いに本気で思い合えることが第一条件ではないだろうか。だから裏切らないし，信頼を築くことができる。そんなニュアンスの言葉を，1年生らしく発言できることを期待したい。

📖 資料をどのように読んだか

　本資料は，みそさざいとやまがらの二羽の小鳥が友情を深める話である。よって，みそさざいと他の鳥たちの姿を比較して考えさせたい。比較することで見えてくる生き方に気づかせ，友達の気持ちを思う心と行動が伴ったみそさざいのよさを，自分たちの生き方へつなげていきたい。

　ごちそうがあり，明るくて楽しいうぐいすの家に，小鳥たちはみんな行った。もちろん，みそさざいも行った。それは「明るくて楽しいほうがよい」という心が誰にでもあるからである。けれども，みそさざいは落ち着かない。やまがらにも誘われたのに，うぐいすの家に来ている。心に引っかかるものがあり，楽しめないのである。それだけではなく，「やまがらはきっと寂しいだろう」とする他者理解が生まれているから落ち着かない，という読みもできる。

　友達の気持ちを考えるほどじっとしていられず，「せめて私だけでも」と気持ちが動く。そこがみそさざいのよさである。だから，こっそり抜け出して，やまがらの家に行った。やまがらは喜んでくれた。初めは迷ったけれど，やったことは間違いではなかった。

　友達同士の助け合いや支え合いは行為であるから，それを生むもとがあるはずである。つまり，なぜ助け合いや支え合いが生まれるのかを考えさせるのである。みそさざいには，やまがらの寂しさや悲しさを想像する心があり，それがもととなった行動であることを理解する必要がある。ゆえに，他の鳥たちとみそさざいの違いを聞いて，なぜそのような違いが生まれたのかと発問すると，授業は本質へ迫っていき，子どもたちの理解が深まる。自分たちの生き方へつながる授業づくりを目指すべきである。

1 全体的な流れ

第一時　導入　学活の時間
　子どもたちに普段の生活の中での問題点を質問した。一番多かったのは「けんかが多い」ということであった。このままでは、運動会の学年種目「なかよしキャッチ」も仲よくできないという問題点を抱えていることに気がついた。

第二時　本時　道徳の時間
　本時は、導入時に抱えている問題点について「信頼・友情」という内容項目を考えさせることをねらいとしている。困っている友達がいたら、なんとかしたいという心が自分にもあることを自覚し、友情を育むことの大切さを学ばせたい。

第三時　道徳の授業後の展開　運動会
　道徳の時間に学んだことを、普段の生活や学校行事に自然な形でつなげることは意義深い。運動会では、「なかよしキャッチ」での練習の姿を取り上げ、友達と仲よくすることの意味を考えたい。それが、本当の友達とは何かを考えていくことになる。

2 本時の展開

■ねらい
◎お互いに友達の気持ちを考えて、助け合って生活しようとする。
　＊友達の気持ちを考えて実行した人の心や行いに感動することができる。
　＊自分のことしか考えないで行動する人と友達の気持ちも考えて行動する人との違いがわかる。
　＊友達の気持ちを考えて、助け合っていこうとする。

■展開

学　習	手立て
主発問：みそさざいが、他の小鳥たちと違うところは何？	
○「□な友達」について考える。	●友達はいかなる存在なのか、自分の考えをもたせる。
○資料『二わの　ことり』を読んで考える。	●「比べて考える」ことを手立てに、みそさざいの姿の変容を考えさせる。
○「みそさざいと他の小鳥との違い」は何かを考える。	●他の鳥たちにはない、やまがらに対する「みそさざいの思い」について、ペアやグループで話し合わせる。
○みそさざいを動かしたものは何かを考える。	●みそさざいの心について考えさせる。
○「本当の友達」とは何か、自分の考えを書く。	●書く活動を通して、自分を見つめさせる。

3 ここで子どもが変わった

主発問：みそさざいが，他の小鳥たちと違うところは何？

「みそさざいと他の小鳥たちとの違いはなんですか？」

「うぐいすのところへ行ったけど楽しくない。」

「みんなは楽しいけれど，みそさざいは楽しくない。」

「やまがらが気になって楽しくない。」

「心にぽっかりと穴があいたみたい。」

「何でやまがらのところへ行ったんだろうね。」

「やまがらを思う気持ちが，他の小鳥たちよりも強かった。」

「少しかわいそうだったし……。」

「かわいそうだから，仕方なく行ったの？」

「う〜ん？」

「でも，友達と何かするとき，自分も相手も楽しいのが本当の楽しさだと思う。きっと一人でさみしいと思っているし，そう考えると心配で，自分も楽しくない。」

「他の小鳥たちよりも相手を思う気持ちが強い。それが本当の友達だと思う。」

4 板書

■流れ　❶「□な友達」の，□の部分を考えさせてから発表させる。
　　　　❷みそさざいと他の小鳥たちとの違いがわかるように板書する。
　　　　❸みそさざいとやまがらの関係がわかるよう，色の違う線で図式化して示す。
　　　　❹「友達って□」の□の中に入る言葉を発表させ，授業をまとめる。

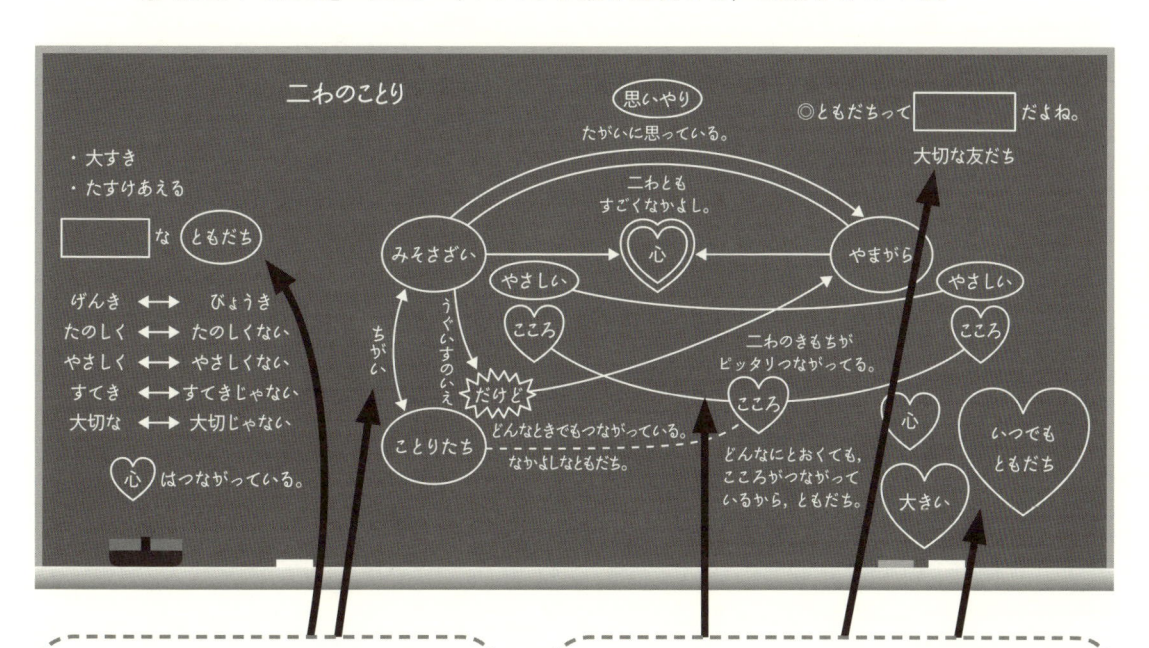

板書例：

二わのことり

- 大すき
- たすけあえる

□な　ともだち

げんき　⇔　びょうき
たのしく　⇔　たのしくない
やさしく　⇔　やさしくない
すてき　⇔　すてきじゃない
大切な　⇔　大切じゃない

心はつながっている。

思いやり　／　たがいに思っている。
二わとも　すごくなかよし。
みそさざい　やさしい　心　やまがら　やさしい
うぐいすのいえ　こころ　二わのきもちがピッタリつながってる。　こころ
ちがい　だけど
ことりたち　どんなときでもつながっている。
なかよしなともだち。
どんなにとおくても，こころがつながっているから，ともだち。
心　大きい
いつでもともだち

◎ともだちって□だよね。
大切な友だち

「□な友達」を問い，友達とはいかなる存在かを考えるきっかけを与える。
　みそさざいと他の小鳥たちの違いを考えることがポイントであることを示す。

みそさざいとやまがらの関係を線でつなぎ，そのレベルや種類ごとに整理をする。
　授業の最後に，子どもたち自らの言葉でまとめさせるために，「友達って□」の□を考えさせ，板書にまとめる。

■まとめ

　低学年において，□を使うことで，友達とはいかなる存在なのかを考えさせることができた。導入で考えるきっかけをつくり，終末では，自分の考えをまとめることができた。それは展開において，育まれる友情を線図で構造的に示したからである。友達を思うことで育まれる友情のすばらしさを感じる板書である。

ワンポイントアドバイス！

うぐいすの家とやまがらの家を対比的に描くことで，両者の友達関係を考えやすくなる。矢印の方向や色，太さなどにも意味をもたせると，よりいっそうわかりやすい。低学年では特に，そのような視覚に訴える工夫が必要である。

実践Ⅱ　二わの　ことり

5 子どもの反応

【子どもたちの記述】

◎「□な友達」
・たよりになる・助け合える・けんかできる

◎みそさざいと他の鳥たちとのちがいは？
・友達を本気で思うことができる。
・自分や友達の気持ちがわかる。
・お互いに分かり合えることができる。

◎「友達って□」
・つらい時にたよりになる。
・友達どうしで信じ合うことができる。

【道徳ノート】

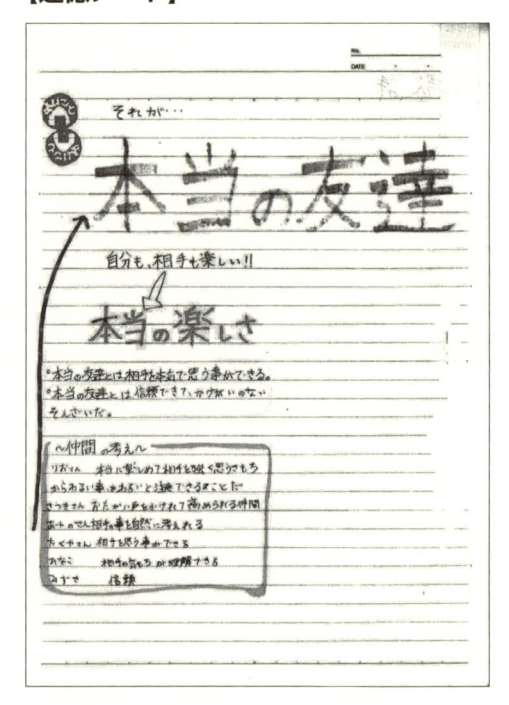

特徴的な場面

　低学年の発達において，比較し考えさせる手立ては大変有効である。今回，みそさざいと他の鳥とを比較することで，やまがらを思う心こそが友情の証であることを理解させることができた。

　子どもたちの表現力を「板書」に生かすことも有効な手立てといえる。板書は，教師だけのものではなく，子どもたちのものでもある。そのような意識を育めば，本実践のように積極的に板書に参加する姿が多く見られるだろう。

ここでひと言！

　竹井教諭は，板書を工夫し，1年生でもわかりやすい授業展開を試みた。低学年の子どもたちにとって，45分間集中して授業を受けること自体，大変なことである。考えやすい板書は，子どもたちの集中と前向きな姿勢を促す。

　板書を図式化する時の留意点は，なるべくデフォルメした図を簡単に描くことと，子どもたちに板書をさせるようにすることの二点である。基本の図式は事前に考えておくが，いざ授業が始まったら，臨機応変に。

6 授業後の子どもの変容

　この実践の後に，運動会があった。優勝を目指して，学年種目「なかよしキャッチ」の練習を積み重ねた。その最中に，友達を思う姿について書いた日記を見つけ，学級通信で知らせた。

　運動会で優勝した後に，自分たちにどのような力がついたのか，学級活動をさらに展開し，右下の板書のようにまとめた。

　道徳の時間で学んだことを運動会という学校行事と結びつけていることがわかる。道徳の時間と特別活動とを関連させるときは，あくまでも自然でなければいけない。子どもの意識に沿った関連でなければ，道徳の時間に学んだことを心に響かせることができないのである。

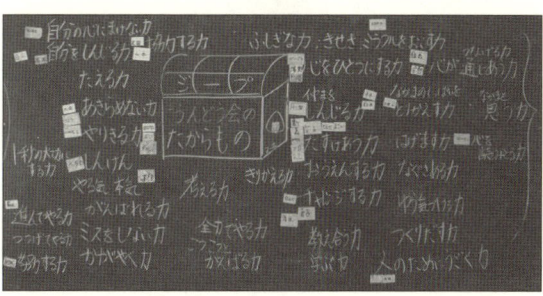

7 授業をふり返って

　低学年という発達段階において「友達」について考えを深めることは意義深い。この時期に本当の友達とはいかなる存在なのかを知っておけば，これから先の長い学校生活における友達づくりに大きな影響を及ぼすからである。

　1年生であっても，「友情」とは信頼関係の積み重ねによって構築されるものであることを感じ取ることができた。そして，困っている友達をなんとかしたいという心が自分にもあることを実感し，自覚することもできた。このような自分のよさを理解しながら，本当の友達がどれほど大切な存在であるかを学ぶことができた。

この授業のポイント！

　「深く考えさせる発問をもとにした展開は，低学年でもできるのでしょうか」という質問を受けることがある。確かに，まだ抽象的な思考ができない子どもたちにとっては，なかなか無理があるかもしれない。けれど本時のように流せば，低学年なりに大切なことをかぎ分け，言葉として表現することは充分可能であるばかりか，むしろ，われわれ大人よりも生きた言葉を使うことがある。

実践Ⅱ　二わの　ことり

低学年 主題名 ひとが よろこぶ ことは うれしい こと

はしの うえの おおかみ

1 主題を通して考えたいこと

　喜びは自分自身の利害や快感と密接につながっている。子どもたちにとっては，とても刺激的な主題であろう。特に，世界が自分中心で動いている低学年の場合は，ことさら大きな意味をもつのではないか。

　人が喜ぶことは，自己犠牲（自分の喜びを抑えること）の結果であると思いがちだが，そうではない。人の喜びが自分の喜びとなる世界があることを知るのは，貴重な価値変容体験である。喜びは大きさが決まっていて，みんなで分け合うというイメージではなく，大きさは決まっておらず，相乗効果でいくらでも大きくなるというイメージなのである。

2 内容項目について

> ［親切，思いやり］
> ［第1学年及び第2学年］　身近にいる人に温かい心で接し，親切にすること。

　親切，思いやりは自分と相手との距離感が大切である。自分自身だけの問題でも，相手だけの問題でもない。相互のやりとりがうまくいって初めて思いやりの心は意味をもち，親切という形になって表れる。「〜してあげる」という行為・行動は，相手を思いやって自分ができることを探した結果の一選択であり，それだけでは意味をなさない。同じ行動でも，それが報酬目当てであるなら，「親切」でなく，「勤労」になる。

3 資料について

あらすじ

　一本橋で自分より小さな動物を追い返していたおおかみ。ある日，おおかみが橋を渡っていると，真ん中でくまに出会った。驚いたおおかみがくまに道を譲ろうとすると，くまは「それにはおよばない」と，おおかみを抱きかかえて後ろへと下ろす。次の日，橋の上でうさぎに会ったおおかみは，うさぎをかかえて後ろへ下ろしたのだった。

資料をどう読むか

　くまとの出会いによって，自分自身の価値観が変わり，心穏やかに行動できるようになったおおかみ。

　おおかみを変えたものは何か。それは決して橋の上で行き違う方法を知ったからなどということではなく，くまの優しさである。そこに気づかせたい。

実践 I　>>> はしの　うえの　おおかみ

私はこう授業した　　筑波大学附属小学校教諭 ● 加藤 宣行

本時の授業 Point：おおかみの変容を問う。

● おおかみは「いじわるおおかみ」から「優しいおおかみ」に変身したのか？
変身したとしたら，何がおおかみを変えたのか？
変身していないとしたら，変わったものは何なのか？

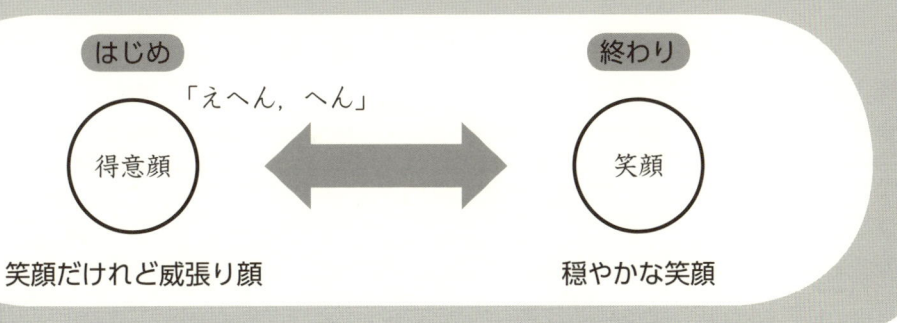

はじめ　　　　　　　　　　　　　　　終わり
「えへん，へん」
得意顔　⇔　笑顔
笑顔だけれど威張り顔　　　　穏やかな笑顔

1 授業の展開

導入
○優しい人ってどういう人でしょう。
・親切な人。　・何かを貸してくれる人。
・「大丈夫？」って言ってくれる人。

展開
○最初のおおかみと最後のおおかみで違うところは何でしょう。
・最初のおおかみはいじわるだけど，くまさんに会って優しくなった。
○おおかみは別のおおかみになったということですか。
・いや，同じおおかみ。
○だとしたら，おおかみの何が変わったのでしょう。
・心が変わった。
○おおかみの心を変えたものはなんでしょう。
・くまの心。　・優しさ。

終末
○今日の勉強のまとめをしましょう。

2 板書講座

くまをはさんで，最初のおおかみと最後のおおかみを対比的に描く。くまとの出会いをきっかけとして，おおかみを変えたものは何なのかを考えさせる。

うさぎたちを追い払っているときも，抱きかかえて入れかえてやっているときも，「よい気分」「笑顔」がある。ではその違いは何か？

■導入時

親切や優しさとはどういうものなのかを漠然と聞く。

具体的に答えさせると，「～してあげる」「～してもらう」といった意見がたくさん出るであろう。

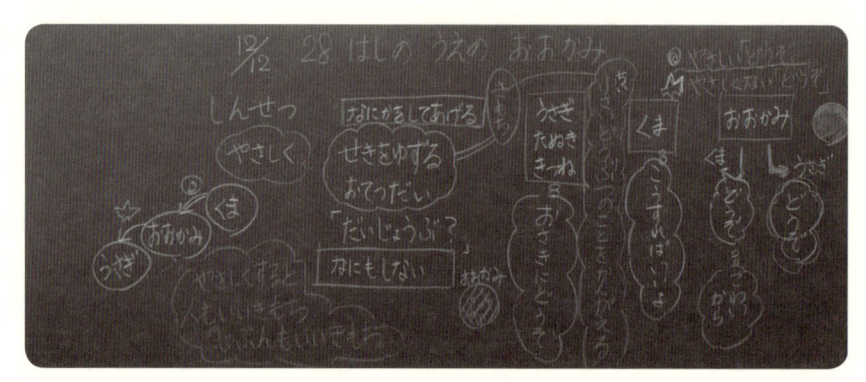

■展開時

人(おおかみ)には，いじわるな心(よくない心)と優しい心(よい心)の二種類があり，それは同一人物内に共存していることに気づかせる。その上で，おおかみはいじわるな心を抑えて，優しい心を使おうとし始めていることを押さえる。そしてその心を使うよさについて考えさせるのである。

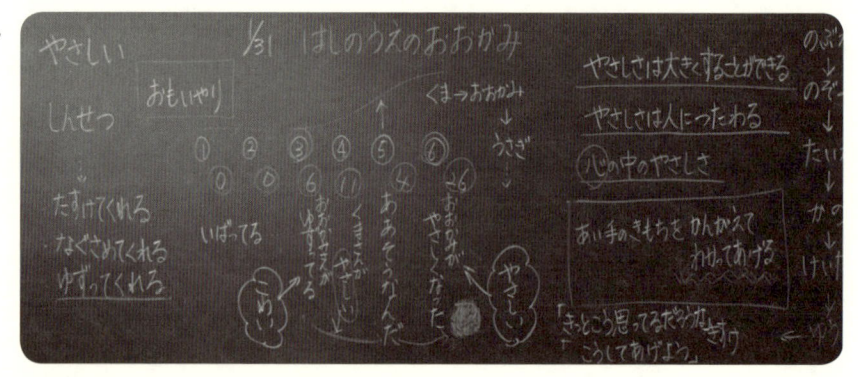

子どもたちは，よき心から行った「～してあげる」は親切になり，逆に悪しき心からの「～してあげる」は見せかけだけだということに気づくであろう。

3 子どもの反応

- やさしさはどんどん大きくすることができる。
- やさしさは人に伝わる。
- 「きっとこう思っているだろうな(思いやり)」と気づくことができ,「こうしてあげよう(親切)」となる。
- やさしくすると,人もいい気もち,自分もいい気もち。
- きっとおおかみは,やさしい親切をしたくなったんだよ。
- 「〜してあげる」ではなくて「〜したくなる」なのかもしれないね。

問い返しの引き出し

○おおかみは変身したのですか?
○おおかみはくまから何を教えてもらったのかな?
　⇒　一本橋でのすれ違い方?
　⇒　優しい心の使い方?
○くまは,なぜこのようなことができたのかな?
　⇒　力が強いから?
　⇒　力を自慢したいから?
　⇒　心が優しいから?
○くまの後ろ姿をずっとながめていたとき,おおかみは何を考えていたのかな?
○この話の中で,いちばん優しいのはだれ?
○この話の中で,いちばん変わったのはだれ?

このように,さまざまな発問とそれに付随する問い返しが考えられる。1年生なので,少しずつかみ砕きながら,「じゃあ,こういうときはどうなるの?」「ここはどう考えればいいのかな?」「例えば,これでもいいの?」などと具体的な問い返しをしてやると,子どもたちは乗ってくるし,考えやすい。気づきも多くなる。

まとめ

親切,思いやりは元徳と言われるように,人の心の動きを司る大きな価値観である。だからこそ,行為を生んだものは何かという「大本の心」を明らかにして,セットで考えさせる必要がある。「大本の心」から生じている行為・行動だからこそ意味がある。それを1年生なりの気づきができるよう,板書の工夫をし,この一点の発問を考案していきたい。

実践Ⅰ　はしの　うえの　おおかみ

実践Ⅱ　>>> はしの　うえの　おおかみ
神奈川県相模原市立淵野辺東小学校 ●風間　嘉裕

本時の授業Point
くまとおおかみそれぞれの行動と心のつながりを明らかにする。

● 人の行動は心のありようで起こることがある。逆に，行動によって心のありようが変化することもある。このように，人の心と行動には必ず何らかのつながりがある。そのつながりを明らかにすることによって，優しい行動のもとの心が見え，自分たちのしている行動には自分の心のありようが表れる，ということに気づかせることが本時のねらいである。

📖 資料をどのように読んだか

　本資料は，くまの優しい行動がいじわるなおおかみの心に染み渡り，おおかみの心が優しく親切な心に変わっていくという物語である。親切にしてもらう側と親切をする側の心を考えるのに適した資料である。

　多くの実践では，ペープサートや紙芝居などを使って子どもたちに資料を提示したり，役割演技をさせて登場人物の心情を考えさせたりしている。これらは，登場人物のそれぞれの場面での気持ちを理解する学習を進めていく手立てとして定番のものであるが，それだけで行動を支えている心について考えられるかは疑問である。橋の上でいじわるをするおおかみの場面，くまがおおかみを抱きかかえる場面，くまの背中をおおかみが見ている場面など，その場面での登場人物の思いは考えられるが，くまの優しさやおおかみの心の変容を考えることは難しい。

　本資料では，くまの優しい行動のもとになる心や，くまの生き方，おおかみがよいおおかみになっていく行動の変化から，相手に対して優しくしたいと思えるようになるまでの心の変化を考えていく。優しさが優しさを育て，他の人にも優しさが伝わっていくことの幸せを，子どもたちが感じられればさらによいと考える。

　授業では，導入で優しい人についての考えをもたせる。行動面だけでなく心情面にも目を向けさせ，両方の観点で資料を読ませる。また，資料から優しい人を見つけることも一つの観点として与える。

　子どもたちはくまが優しいことには簡単に気づくので，始めにくまの優しい行動を問う。ここで，優しい心が行動を起こしていることに気づき，心と行動のつながりを明確にすることができる。その後，優しくなっていくおおかみの心の変容を追うことで，より心と行動のつながりについて考えることができる。よい行動はよい心から，よくない行動はよくない心から起こることも気づくことができる。

　終末では，よい心とよい行動は自分たちにもあり，友達と楽しい時間を過ごせる要因となっていることに気づかせ，友達や周りの人たちのことを考えた生活を心がけようという気持ちを継続させていきたい。

1 全体的な流れ

第一時　生活科　「小さい子を招待しよう」の計画
　来年度小学校に入学する近隣の保育園や幼稚園の園児を招待し，交流をもつ活動の計画作りを行う。自分たちも経験があるので，ある程度まで計画は立てられるだろうが，小さな子の立場に立つとなると難しいと考え，道徳の時間を関連させ，さらに見直していく。

第二時　本時　道徳の時間
　「優しい行動」を支える「優しい心」について考えることで，相手のことを意識した行動が大切である，と改めて考えることができる。自分もみんなも楽しくなれるような行動を考えていこうという意識を高める。

第三時　生活科　「小さい子を招待しよう」の実践
　これまで道徳で学んだことをふまえ，相手の立場になって計画することの大切さが意識できる。優しい心をもって行動しようという意識も高まった。

2 本時の展開

■ねらい
◎まわりの人々に思いやりの心をもって接し，親切にしようとすること。
　＊優しい行為やいじわるな行為には，自分の心が関係していることに気づく。
　＊優しい行為や親切な行為には，相手のことを考えた思いやりの心があることがわかる。
　＊自分たちも優しい心をもち，優しい行為をしていこうという意識が高まる。

■展開

学習	手立て
主発問：優しいくまさんや，おおかみさんの心はどんな心だろう？	
○優しい人とはどんな人なのか，自分の考えをもつ。 ○資料を読み，優しい行動と優しい心のつながりについて考える。 ○みんなに優しいくまの心について考える。 ○おおかみの行為の変容を読み取り，おおかみの心の変容について考える。 ○優しい人とはどんな人なのか，学習して考えたことをまとめる。 ○自分たちにも優しい心があり，人のことを考えた優しい行動ができることを知る。	●優しい行為を思いつくだけ発言させ，そこに共通する心を意識させながら資料を読む。 ●くまの優しい行動を支えている心について考え，心と行動のつながりに気づかせる。 ●おおかみの心が，優しくしてもらったことや，優しくしたことで変化していったことに気づかせるために，友達とともに考える時間を確保する。 ●日頃の子どもたちの様子や，担任が感じている優しい行動を支えている優しい心についての話をする。

実践Ⅱ　はしの　うえの　おおかみ

3 ここで子どもが変わった

主発問：優しいくまさんや，おおかみさんの心はどんな心だろう？

　くまが優しいことや，おおかみが優しくなっていくことは子どもたちはわかっていた。だからこそ行動に出る優しさと内面からの優しさに気づければ，心と行動のつながりが見えてくる。心から心へ，心から行動へ。そして，行動から心へのつながりが見えてくれば，広く心と行動のつながりが見える。だからこそ，行動の変化は人の善として捉えられ，自分たちのよさにも気づくことができた。

おおかみさんは優しい？

そうだよ。最初はいじわるだったけど，優しくなったんだよ。

くまさんに会って優しくなれたんだよ。

いじわるだったおおかみさんが，くまさんに会っただけで優しくなれるのかな？

くまさんのすごく優しい心が伝わって，優しい心が大きくなったんだよ。

そうか！ぼくたちも同じだね。

それで，自分もできるなって思ったんだね。

優しくする方が，いじわるするよりも楽しくなってきたんだね。

そして，どんどんお友達ができるから，もっとうれしくなるんだね。

おおかみさんの優しい心がくまさんと同じになってきたんだね。

4 板書

優しい人としていちばん子どもたちが気づきやすい，くまの行為を取り上げる。親切な行為のもとになっている「思いやりの心」について考えたことを強調し，チョークの色を変え，「思いやりの心」がすごい心であるようなハートの絵を添えて板書する。

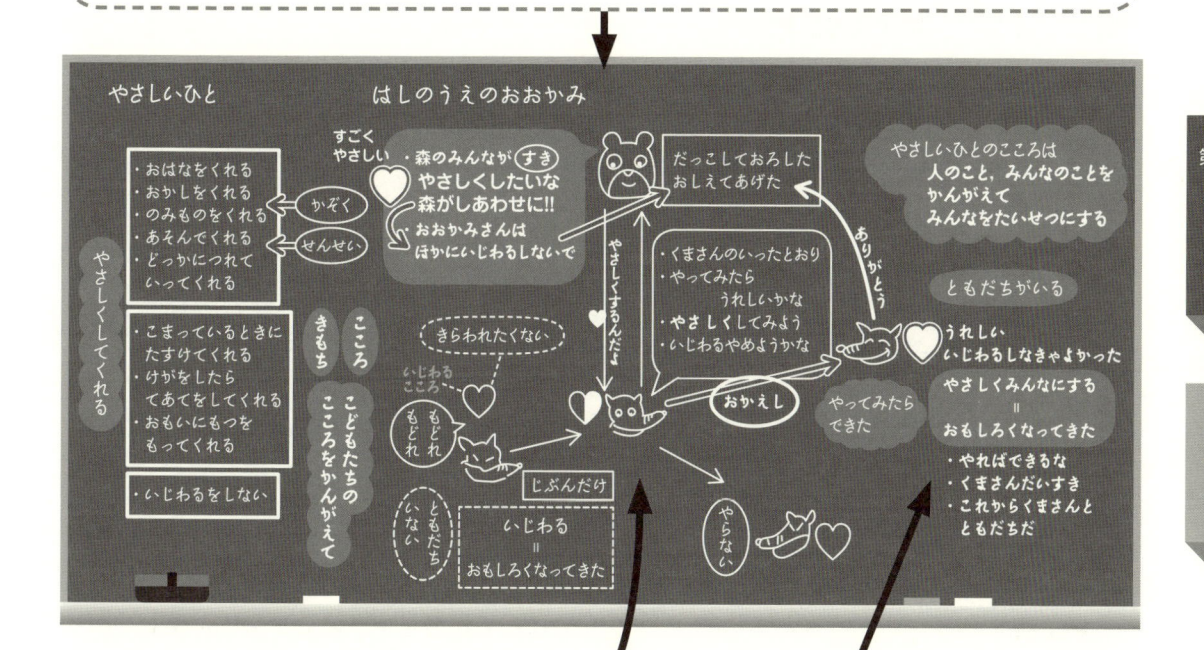

おおかみの変容がわかるように，くまと出会う前，出会ったとき，出会った後に分ける。その時の心をハートの形で表し，心の状態を色で表した。いじわるな心を青，優しい心をピンクとした。

くまに会ってから，おおかみがどのように変わっていくのか，子どもたちの考えを書けるようなスペースを作り，出てきたことをできるだけ書くようにした。

■まとめ

1年生の授業の板書は，文字だけではなく絵や色，矢印等を使い，視覚的に理解できるように工夫している。これまで，『よい心』はピンクのハート，『悪い心』は青のハートを描き，さまざまな価値を考えるときに利用してきた。今回も同様にし，優しさの大きさや心の変容を表した。

ワンポイントアドバイス！

おおかみの変容が描かれている資料である。ここで重要なのは，変容の質を問うということである。おおかみは別のおおかみに変身したわけではない。もとからある自分の心の使い方を少し変えただけなのである。

実践Ⅱ　はしの　うえの　おおかみ

5 子どもの反応

おおかみの変容を考えていると、「おおかみは、自分も優しいことができると思った」という意見が出たので、「優しいことができたおおかみさんは、どんなことを考えたのだろう？」という問い返しを行うと、以下のような反応があった。

【道徳ノートから　授業後の感想】

- やさしくできてうれしいなあ。
- みんなにいじわるしなきゃよかった。
- やさしくするほうがたのしいなあ。
- くまさんがおしえてくれて、やさしくなれてうれしくなったから、くまさんに「ありがとう」っていいたいなあ。

くまがおおかみにおしえてあげたところがやさしかった。うさぎさんもおおかみに「どきます」って言ってどこうとしたけど、おおかみがいっしょにとおってやさしかったです。ないている子やこまっている子などに、どうしたのって言ってくれる人がやさしいです。こまっているときにたすけてくれる子がやさしいです。

特徴的な場面

おおかみの変容を追うことで、優しくなかったときのおおかみと、優しくなってからのおおかみの比較ができる。この比較は行動面だけでなく、行動を支える心の比較も行うことができる。

いじわるすることが楽しかったはずなのに、人に優しくすることの方が楽しいと思えるようになったのはすばらしいことで、よい心とよい行動のつながりを考えることができた。また、くまの優しい心と行動との比較もでき、同じ行動でも優しい心のレベルに差があることに気づけるようになる。

ここでひと言！

風間教諭が、子どもたちが「人にいじわるするより優しくする方が楽しい」ことに気づいた、ということを述べている。これはどういうことであろうか。（この人間観が重要なのであるが、）性善説に立つということである。

子ども（人）は、よくありたいと願う存在であり、「いいなあ」とか「そういう人になりたい」と思えば、誰かに強要されなくても、自らよいと思う道徳的判断力を使って、よりよく生きようとする。その後押しをしてあげればよい。

6 授業後の子どもの変容

　保育園や幼稚園の子どもたちが楽しむためには何ができるか，小さい子側の視点で活動の内容を考えることができた。「楽しんでもらえれば学校に来るのが楽しみになるよね。」という気持ちが見える活動になった。それは，優しい心で相手の立場に立つことを意識できたからだと感じた。

　また，学習後の道徳ノートに，右のような内容を書いた子どもがいた。

　これまで道徳の時間で学習してきたこと関連させて考えることが少なかった子どもたちだが，今回のように「心と行動のつながり」を意識した学習を行うことで，様々な価値を関連させて心を探ろうという思考が芽生えてきた。

> おおかみはきらわれたくなかったけどいじわるをしていました。でも，やさしくしてみたらできました。わたしもさか上がりができなかったけどできました。でもこれは，小さなどりょくのつみかさねだとおもいます。おおかみはどりょくじゃなくてゆう気だとおもいます。どりょくはれんしゅうでできるものだから。ゆう気はれんしゅうしないで，こわいんだけどやるのがゆう気です。くまさんはもりをしあわせにするのがゆめだから，おおかみがかなわせようとしているとおもいます。

7 授業をふり返って

　10月に行った今回の学習は，それまでの学習以上に，行動を支える心に焦点をあてた。

　『はしの うえの おおかみ』のくまとおおかみの心を行動から考えたことは，自分たちの心についても考える，よい機会となった。自分の心をのぞき込めたからこそ，心の中にあるさまざまな価値の関わりが感じられ，それを自分なりに整理しようという反応が出てきたのだと感じた。

　ここから1年生にとっての本当の『道徳の時間』が始まったようだ。見えない心を見ようとする意識こそ，自分のよりよい生き方を模索するスタートになると考える。

この授業のポイント！

　子どもたちの善に向かう心を信じ，その心から生まれた言動を見る。すると，今まで見えなかったものが見えてくる。指導者は，授業の中で子どもたちの意識の流れに沿って，子どもたちの言葉をまとめてやる。

　いつのまにか，話の中のおおかみは自分に重なり，資料を通して自分自身の生き方を考えるようになったのである。

低学年　主題名　おもいやりの　こころ

ぐみの木と　小鳥

1 主題を通して考えたいこと

　親切，思いやりというのは二つで一つである。つまり相手を思う心としての「思いやり」とその心の表れである行為・行動としての「親切」。「『思い』は見えないけれど，『思いやり』はだれにも見える」（宮澤　章二）という一節があるが，確かに思いやりの心は目に見えないが，思いやりを形に表した親切は目に見えるのである。

　その思いやりの心を見る練習をしようというのが，本資料の主題である。

2 内容項目について

> [親切，思いやり]
> [第1学年及び第2学年]　身近にいる人に温かい心で接し，親切にすること。

　思いやりの心と形，二つ合わせてはじめて一人前。どんなに思いがあっても何もできない（形に表れない）のでは相手に伝わらない。逆に，どんなに立派な親切な行為・行動であっても，思いやりの心がなければただの偽善になってしまう。だから，親切ができたかどうかという目に見える形だけで人の評価はできないのである。

　思いとそれを具体的に実行した行動をセットにして考える。これは「親切，思いやり」という内容項目の本質的な価値の捉えであるが，抽象的に考えていてもわかりにくい。だから，資料を通して具体的に考えるのである。

3 資料について

あらすじ

　ぐみの木は，しばらく顔を見せない友達のりすを心配し，そのことを小鳥に話す。ぐみの木の心遣いと優しさに触れた小鳥は，ぐみの実をもってりすの家へお見舞いに行く。病気で伏せていたりすは喜び，少し元気が出たように見える。数日後，その日は嵐であったが，小鳥は少し考えたあと，りすの家に向かって飛び立って行った。

資料をどう読むか

　行為・行動と心を対比して，具体的に考えることのできる資料である。目に見える優しさ，親切においては，ぐみの実を届けた小鳥がいちばんの功労者である。しかし，目に見えない思いの部分はどうか。その比較から全体像が見えたとき，資料の読みは変わる。

実践 I >>> ぐみの木と　小鳥

私はこう授業した
筑波大学附属小学校教諭●加藤 宣行

本時の授業Point：三者のつながりを図式化する。

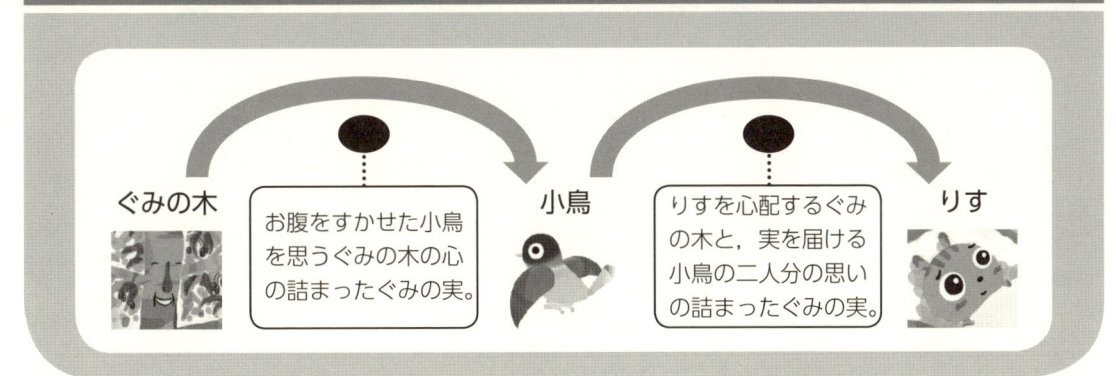

| ぐみの木 | お腹をすかせた小鳥を思うぐみの木の心の詰まったぐみの実。 | 小鳥 | りすを心配するぐみの木と，実を届ける小鳥の二人分の思いの詰まったぐみの実。 | りす |

1 授業の展開

導入
○親切な人ってどんなことをしてくれる人ですか。
・お年寄りに席を譲ってあげる人。
・けがをした友達に「大丈夫？」って言ってあげられる人。

展開
○みなさんの最初の考えだと，いちばん親切にしたのは「実を届けてあげた小鳥」ということになりますね。
・う〜ん，いや違う気がする。ぐみの木さんも親切だよ。
・ぐみの木さんも，心配している。
○ぐみの実をもらったリスさんは栄養のある実を食べて元気になったの？
・それだけじゃない，思いやりの詰まった実だから，うれしくなって元気になった。
・早く元気になってぐみの木さんにお礼が言いたいと思ったんじゃないかな。
・思いやりが行ったり来たりして，みんなが笑っているみたいだね。

終末
・先生，題名を変えましょう。
○え？　何に変えるの？
・「ぐみの木と小鳥とりすの感動物語」。
・それもいいけど，それならこんなのはどう？「心の宅急便」。
○今日の勉強でわかったことは何ですか。
・心と心がつながっているということ。

2 板書講座

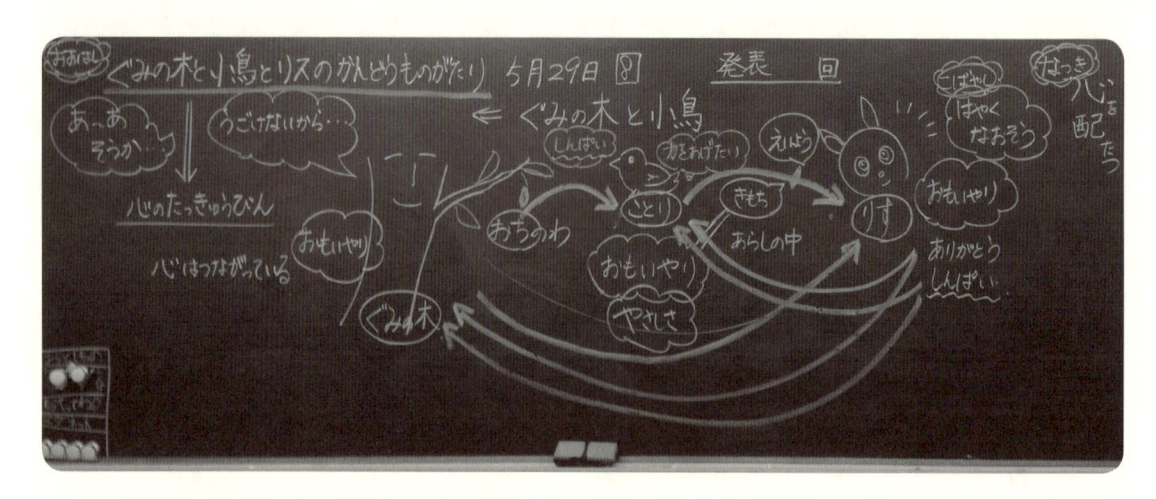

子どもたちが「笑っている」と言った板書。
　ぐみの木と小鳥とりすを横並びに描き，ぐみの実や思いやり・心遣いのやりとりを矢印を使って図式化し，全体像をとらえやすくした。その結果，笑い顔が登場した。

■別の学級の実践

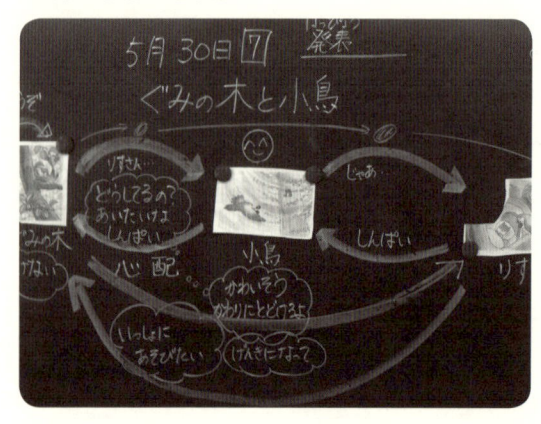

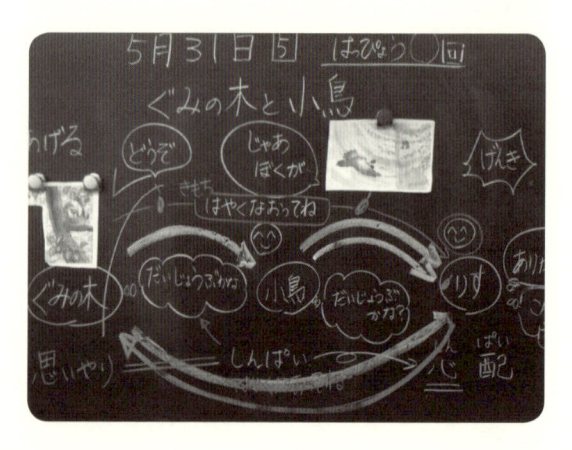

　同じ板書構成で，三日連続で三つの学級で授業を行った。
　学級が違っても，子どもたちは三者の対比から見えるものと見えないものを見つけ出し，思いやりと親切はセットになっているということや，思いやりの心から生まれた行為・行動は，相手だけでなく自分自身にも返ってくるという気づきを得ることができた。
　また，ぐみの木と小鳥，小鳥とりすの関係についても考えることができ，「ぐみの木が小鳥にしてあげたことがうれしかったから，小鳥はそのうれしさを他のだれかに分けてあげたくて，りすのところへ実をもっていってあげた。頼まれて仕方なしに行ったのではない」というような気づきにも，自然に至ることができていた。

3 子どもの反応

授業中に子どもたちがつぶやいたり発言したりした声を紹介する。数年前に行った、たった1時間の授業であるが、今でも鮮明に覚えている。

- 先生、思いやりの輪だね。
- 先生、○○くんの言った、思いやりの輪に感動したよ。涙が出そうだよ。
- ぐみの実は栄養だけでなく、「大丈夫？早くよくなってね」という心が詰まっていたんだね。
- 他の実では意味がないんだよ。
- 心を配達したんだね。「心配する」というのは、そういうことだ。
- 黒板が笑ってる、笑ってるよ。
- 先生、題名を変えようよ！
- 先生、この話、いい話だね！

問い返しの引き出し

- ○ぐみの木さんは動けないし、直接りすさんに親切をしたのは、小鳥さんですね。
- ○りすさんは何もしていませんね。
- ○ぐみの実は栄養満点だったから、りすさんは元気になったのですね。
- ○小鳥さんはどうしてりすさんのところへ大変な思いをして飛んでいったのでしょう。ぐみの木さんに頼まれたからかな？
- ○ぐみの実には何が詰まってたのかな。
- ○このような思いやりをもった人たちだからこそできることは何だと思いますか。

まとめ

この授業ほど、子どもたちの発想のすごさを感じたことはない。そのくらい印象的なものであった。板書を顔に見立てて「笑っているね」と言う感性。「タイトルを変えよう」と言い出す積極性。子どもってすごい。もちろん、ねらいとする思いやりと親切の構造化を図ることができたことも大きい。

この授業は、専科のクラスの子どもたちであった。当時2年生だった彼らも、今は5年生。相変わらず元気はつらつと道徳の授業を楽しみにしてくれている。私も授業をするのが楽しみである。

実践Ⅰ ぐみの木と 小鳥

実践Ⅱ　>>> ぐみの木と　小鳥　　　　　東三鷹学園三鷹市立北野小学校●鈴木　浩文

本時の授業Point　ぐみの木と小鳥，りすの行動を生んだ心を考えさせる。

●資料では，ぐみの木，小鳥，りすのそれぞれが，自分にできる思いやりの心を行為として表している。それぞれができることは異なり，表面的には違う行為であるが，そのもとには「相手のことを考える」という共通の心がある。この心があることで，表現の違う行為を「思いやりのある行動」，「親切」として捉え，表現することができる。三者の行為を比較することを通して「他者のことを考えている」ことを示し，三者が自分にできることを考えて，行為が生まれているのだということを捉えさせたい。

📖 資料をどのように読んだか

　相手の立場や状況を想像し，自分が相手だったら，と思いを遣る「思いやり」。思いやりの心の表し方は千差万別である。しかし，その表現のもとにはPointで述べた心がある。この心を捉えるために，三者の立場や状況が違うことをまずおさえ，次に行動の違いを捉える。目に見える部分での違いがわかれば，「この三者は同じ心をもっている」と言いたくなるだろう。「このお話の中でやさしいのは誰だろうか」と問い，三者の立場や行為を比較していく。

　まず，ぐみの木と小鳥の両者を比較すると何が見えてくるのか。ぐみの木は小鳥に，実をりすに届けてもらうように頼んでいる。そこで子どもたちに，「小鳥はぐみの実をもらったから仕方なく届けたのか」と問う。すると小鳥の行為に，「仕方なく」ではない「思いやり」を見ることができる。ぐみの木を心配し，また，話を聞いてりすを心配する。そして，自ら届けに行こうかと提案するのである。

　さらに，「最終的にぐみの実を届けている小鳥の方がやさしいのか」と問うとどうだろうか。ぐみの木は動けない。りすを思い，小鳥にお願いをするという形で，ぐみの木が自分にできる思いやりの心を精一杯働かせていることがわかる。すると今度は，「小鳥とぐみの木がやさしいのはわかったけれど，りすはやさしいのか」という疑問が生まれる。りすは何もしていないように見える。しかし体調が悪いながらも，窓から嵐の中を飛んでくる小鳥を心配そうに見ている姿からは，りすの思いやりの心が感じられる。

　三者の心を比較することで，「できることは違うけれど，相手のことを思いやって行動することが親切につながる」ということが捉えられる。そして，「この心があったら自分の世界はどうなるのだろう」と，資料から読み取ったことを自分と重ねて考えさせることで，「思いやりの心」や「親切」のよさを感じさせ，実践する力につなげていく。

1 全体的な流れ

第一時　導入　帰りの会
帰りの会に友だちのよいところ探しをする。そして，やさしいことができる人は，どんな心をもっているのかを投げかけて，問題意識をもたせておく。

第二時　本時　道徳の時間
『ぐみの木と小鳥』の授業で，やさしい心について考える。やさしい心をもつ人は，人のことを自分のことのように考えられる人であることを捉えさせる。

第三時　発展　道徳の授業後の展開
道徳の授業の前後で，「やさしさ」の捉えが変わった子どもを評価する。例えば，「～してくれた」だけだった捉えから，「～してくれたところから，○○さんのやさしい気持ちが感じられた」など。

2 本時の展開

■ねらい
◎身近にいる人と人との間には思いやりの気持ちがたくさんあることを知り，その気持ちを大切にしようとする。
＊相手のことを考えれば考えるほど，何かをせずにいられなくなる心があることがわかる。
＊相手のことを考えて，何かをしようとする心をいいなと感じる。
＊そういう心が自分にもあることがわかり，思いやりの心をもって生活しようとする態度を育てる。

■展開

学　習	手立て
○やさしい人はどんな人か考える。	●「やさしい人は□」の，□の中に入る言葉を考えさせる。
○やさしいのは誰か考えながら資料『ぐみの木と小鳥』を読む。	●導入の発問で考えたことをもとに，考えさせる。
○小鳥，ぐみの木，りすはどこが優しいのか考える。	●三者の行為を比較させる。
主発問：三者のうち，やさしいのは誰ですか？	
○三者に共通する心を考える。	●三者とも違うことをしているが，やさしいと感じるのはなぜなのかを考えさせる。
○やさしい心のよさを捉える。	●こんな人をどう思うか，こんな人はどんなことができそうか，自分の周りにこういう人はいないか考えさせる。

実践Ⅱ　ぐみの木と　小鳥

3 ここで子どもが変わった

主発問：三者のうち，やさしいのは誰ですか？

　ぐみの木と小鳥とりす，三者の行為からやさしい行為がどれかを考えさせることを通して，それぞれ違う行為だけれども，そのもとにあるのは「相手を思う心」という共通のものであることを捉えさせる。

コマ1：
りすさんにやさしいのは小鳥さんだけですね。
はーい！

コマ2：
何か言いたいことがあるのかな。
言葉では言えない…。

コマ3：
そうか，言葉では言えないけど，なんだかもやもやしているんだね？
う〜ん

コマ4：
ところで，なんでぐみの木さんはりすさんを心配していたのかな？最近来ないから？今までりすさんが何かしてもらっていたのかな？
あ！わかった。

コマ5：
たぶん，ぐみの木さんはりすさんを心配していたけど，自分ではぐみの実をとどけられないから小鳥さんにたのんだの。りすさんにやさしくしているのはぐみの木さんも同じ。

コマ6：
ぐみの木さんも，りすさんにやさしくしていたんだね。みんなが自分以外の人のことを思って，自分にできることをやっているね。このお話は，みんながやさしい気持ちでつながっているんだね。

4 板書

三者が三様のやさしさを行為として表していることがわかり、そのもとにあるのは、「相手のことを考える」、「相手の身になって考える」という気持ちであることがわかるようにする。

- **導入** 「やさしい人」とはどういう人のことかを考えさせ、授業の始めの意識をおさえる。
- お互いがそれぞれできることをして、互いの身を案じていることを捉えられるようにする。
- **終末** 導入と同じ発問をして、一時間の授業の成果を可視化する。

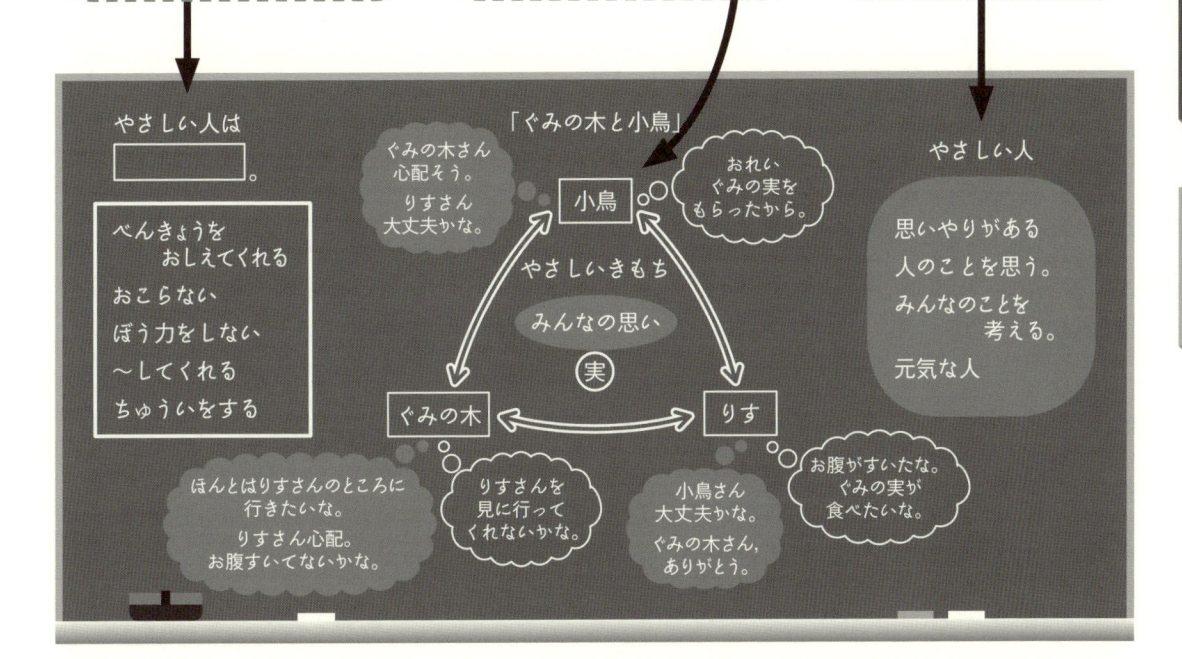

【板書イメージ】

「ぐみの木と小鳥」

やさしい人は □。
- べんきょうをおしえてくれる
- おこらない
- ぼう力をしない
- 〜してくれる
- ちゅういをする

ぐみの木さん心配そう。りすさん大丈夫かな。

小鳥 ― おれいぐみの実をもらったから。

やさしいきもち／みんなの思い／実

ぐみの木 ⇔ りす

ほんとはりすさんのところに行きたいな。りすさん心配。お腹すいてないかな。

りすさんを見に行ってくれないかな。

小鳥さん大丈夫かな。ぐみの木さん、ありがとう。

お腹がすいたな。ぐみの実が食べたいな。

やさしい人
- 思いやりがある人のことを思う。
- みんなのことを考える。
- 元気な人

■まとめ

お互いが、お互いのことを思いやっているということが、行為（ぐみの実の受け渡し）を通して表れ、そして相手に伝わっていくことが捉えられるようにする。心が具体的な行為（ぐみの実の受け渡し）を通して相手に伝わることがわかるように、心と行為との関係性やつながりを表すようにした。

ワンポイントアドバイス！

ぐみの木・小鳥・りす、この三者は非常に象徴的に描かれている。三者の比較はそれだけで子どもたちの考えたいという意欲をかき立てるであろう。しかし、それが最終目的ではないことを肝に銘じながら授業を進めることが大切である。

実践Ⅱ ぐみの木と 小鳥

5 子どもの反応

「やさしいのは誰か」ということを主発問にして考えた。導入で，子どもたちは次のように考えていた。「注意をしてくれる人」，「勉強を教えてくれる人」，「落としたものを拾ってくれる人」，これらを総じて「～してくれる人」とした。

まず，「こうした人たちはどんな心で行動しているのか」ということをテーマとして考えた。ぐみの木や小鳥については，「ぐみの実をくれた」や「ぐみの実を持っていった」という行為に着目して，「やさしい」ということを捉えている。

次に，りすの行為について考えた。りすは見ているだけである。子どもたちは目に見える行為だけではなく，その心について目を向け始めた。すると，りすの心の中について，「がんばれがんばれって応援している」，「小鳥さん大丈夫かな」，「小鳥さんのことを考えている」などの発言が出た。

これらをまとめてから，「やさしい人とはどんな人か」，導入と同じ発問をすると「思いやりのある人」という抽象的な発言から「人のことを思える人」，「人の気持ちを考える人」という捉えをさせることができた。

「先生，ぐみの実だったからよかったんだよね。他の実だったら意味がない」

この反応には，心の中で思わず拍手喝采した。

子どもたち自ら，ぐみの実の意味を比較し，思考している。確かに他の実では，例え同じ成分でも意味がない。ただの木の実と何が違うのか。これこそが子どもたちに考えさせたいことであり，それを子どもたちから指摘してくれたのである。

「ぐみの木さんからもらってうれしかったから，そのうれしさを届けたくて，小鳥さんは嵐の中でもがんばった」

一連のやりとりの動機に言及している重要な発言である。小鳥はぐみの実をもらった恩義に対して恩返しをしているというよりは，自分がしてもらったうれしさを他者にも分けてあげたいという思いで，ぐみの実を届けたのだろう。決して仕方なくにではない。子どもたちから，思うような反応が出てこない場合は，こちらから問いかけてやればよい。

ここでひと言!

鈴木教諭は，「やさしいのは誰か」を主発問にしたという。確かに重要なテーマではあるが，これでは抽象的すぎるので，「三者の中で誰が一番親切か・やさしいか」というように，具体に落として考えさせる必要がある。それが資料の役割である。その具体が，この資料にはとてもよく描かれている。子どもたちは，「ぐみの木さんは動けないけど，心を遣っている」とか，「リスさんもやさしいよ」などと，表面的なやさしさ・親切を超えた部分を見つけ出す嗅覚を持っている。

6 授業後の子どもの変容

　授業後,『みつばち　ぴい』(北杜夫 作)という絵本を読み聞かせた。怠け者の蜂である「ぴい」が,花の蜜を集めずに遊びに行ったまま迷子になってしまう話である。「ぴい」はその後,夜になって森をさまよって,無事巣に戻ってくる。するとほかの蜂たちは「ぴい」に対して,「よく帰ってきたね」とやさしく迎えてくれるのである。その後「ぴい」は,働き蜂としてよく働くようになる。

　このお話を読み終わった後,ある子どもが「あ,このお話は,前に勉強したやさしい人のお話と同じだ」と言ったのである。他の子どもたちも「そうだね」と言っていた。授業の中で,小鳥やぐみの木の気持ちだけを追うのではなく,「思いやりの心」を子どもたちの言葉でまとめたことによって,子どもたちの中に「思いやりのある行為」についての視点が生まれたのではないだろうか。

7 授業をふり返って

　「やさしいのは誰か」ということを主に,小鳥とぐみの木とりす,三者の行為行動を比較して考えさせた。そのことによって,「やさしさとは何か」,「思いやりとはどういう心か」という抽象的な問いではなく,小鳥やぐみの木,りすの心を通して具体的に捉えさせることができた。そして,子どもたちの言葉で「やさしさ」や「思いやり」についてまとめることができた。子どもたちは「やさしさ」や「思いやり」について,自分たちで納得のいく答えを見つけ出すことができたのである。

　また,子どもたちの発言に寄り添い,その場その場で柔軟に問い返しをすることで,今,その時の子どもたちの発言を深めることができた。

　資料に描かれている「思いやり」について深く捉えておくことで,子どもたちの発言に右往左往せずに,本時のねらいについて子どもたちに捉えさせることができた。

この授業のポイント!

　「親切とはこういうものだ」という固定概念。低学年でもそれはできあがっている。
　ところが,資料の中の登場人物は,その理屈ではくくりきれないし,感情的にも納得がいかない。そのズレをどのように埋めていくか。そして子どもたちの言葉で最終的にどのようにまとめていくか。
　教師の,本質を見抜く目と指導力が問われる資料である。

実践Ⅱ　ぐみの木と　小鳥

低学年 主題名　ともだちパワー

モムンと　ヘーテ

1 主題を通して考えたいこと

　友達の力があるからこそ，自分一人ではできないことができたり，喜びが増幅されたり，自分を高めることができる。単に友達の力を借りて何かをするという１＋１＝２という発想もできるし，友達のおかげで自分自身が「A」から「A⁺」に変わることもできる。友達を変えるのは友達，教師がどんなに理を説いてていねいに説明しても伝わらないことが，友達の一言であっさりと通じてしまうこともよくあることである。いじめ問題の改善も，もしかしたらこのあたりに秘訣があるかもしれない。

2 内容項目について

> [友情，信頼]
> [第１学年及び第２学年]　友達と仲よくし，助け合うこと。

　友情はつくり上げていくものである。はじめからあるものではないし，与えられるものでもない。個々人の努力が必要であるが，一方的なものであってもいけない。互いが対等な関係を結び，認め合い，高め合おうとする姿勢から生まれてくる。単に同じグループだからいっしょにいるのも友達だろうが，必要なときは互いに支え合ったり相談し合ったりできるのも友達であろう。そう考えると，友達というものはかなり幅をもった質的な変容を伴うものであることがわかる。資料の中でその違いを見極め，よさを実感することが大切である。

3 資料について

あらすじ

　モムンとヘーテはいっしょに栗の実を切り，実と皮を分ける。ヘーテのわがままで，くりの実は全部ヘーテがもらい，モムンは皮だけをもらうことになる。大雨が降った日，避難を余儀なくされた二人ははじめて心を開き合い，ヘーテはこれまでのことを謝罪し，モムンはヘーテに皮の船を分けてやり，二人で二つの船に乗って避難する。

資料をどう読むか

　友達の質的変容や相互の関係性を見通すことのできる資料である。
　子どもたちは容易に，最初と最後でモムンとヘーテの関係が違っていることに気づくだろう。そして，最後のモムンとヘーテの友達としての高まりに共感し，自分もそうありたいと意欲が高まるだろう。

実践Ⅰ >>> モムンと ヘーテ

私はこう授業した　　筑波大学附属小学校教諭●加藤 宣行

本時の授業Point：モムンとヘーテの友達パワーを分析する。

●最初の波風が立っていない友達関係は，よくある初期段階の学級の様相に似ている。それが互いを知り，なれ合いや無意識のうちの差別化が始まり，我慢する者とわがままに振る舞う者とに分かれてくる。その状況をうまく乗り越えると，互いを認め合い，高め合うことのできる，真に力を合わせることのできる友達関係を築けるようになる。資料を俯瞰させ，友達パワーを知的に分析することにより，友達のよさを感じ取ることができるようになる。

```
モムン → ヘーテ          モムン … ヘーテ          モムン→←ヘーテ
〈通常のレベル〉    →    〈レベルダウン〉    →    〈レベルアップ〉
```

第2章 実践編／低学年

1 授業の展開

導入
○**友達ってどういう人？**
・仲よし。　・助けてくれる。　・大丈夫って言ってくれる。　・協力する。
・言いたいことが言える。　・いっしょに遊ぶことができる。
・一人ではできないことをやる。

展開
○**モムンとヘーテは仲よし？**
・はじめは違うけどあとから仲よし。
○**でも，はじめからいっしょにしているよ？**
・やることはいっしょだけど，心が離れている。
・最後は同じ方向を向き，心も近づいている。

終末
○**そういう友達だったらどんなことができそう？**
・いっしょにいなくても信じ合うことができる。
・本当に言いたいことが言えて，もっともっと仲よしになれそう！

2 板書講座

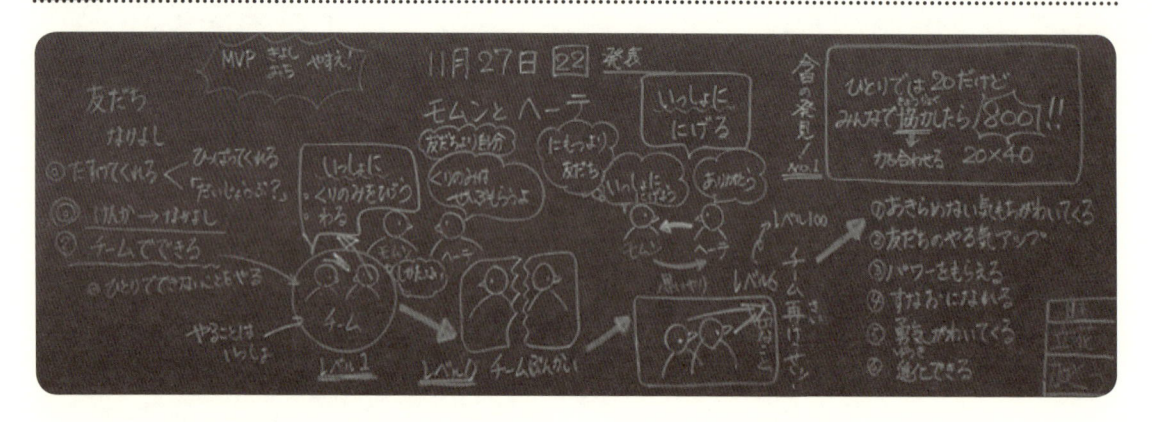

■「いっしょに」がキーワード

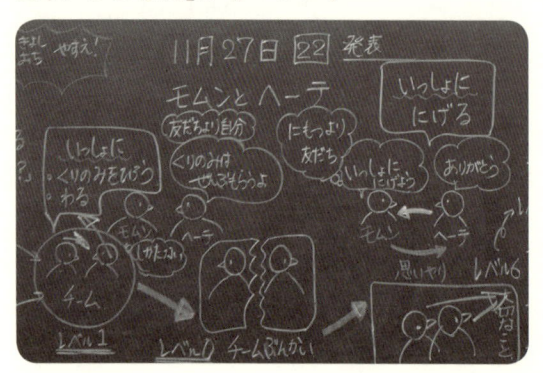

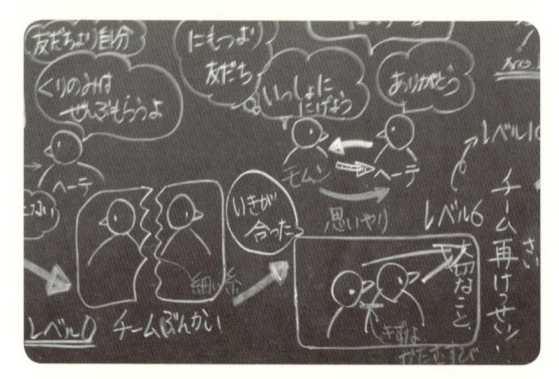

モモンとヘーテの「友達レベル」を数値化表記することで，全体像をとらえることができる。最初はレベル1だったが，最後はレベル800になった。

■別の学級の実践

この授業では，「友達だから」がキーワードになった。「友達だからいいでしょ!?」「友達だから言いたいことが言えない」から，最後は「友達だから言い合える」「友達だからわかり合える」に，友達観が変容した。

3 子どもの反応

■6年生の反応

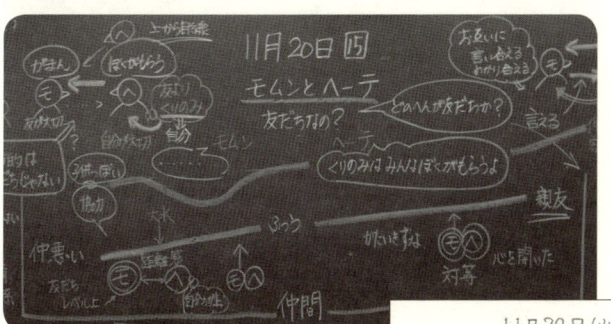

本資料は2年生用に作成されたものではあるが，展開の仕方によってはどの学年でも十分に考えさせることのできるものであると感じている。

このように，学年が変わっても，その学年や実態に応じて深く考えさせることができる資料である。

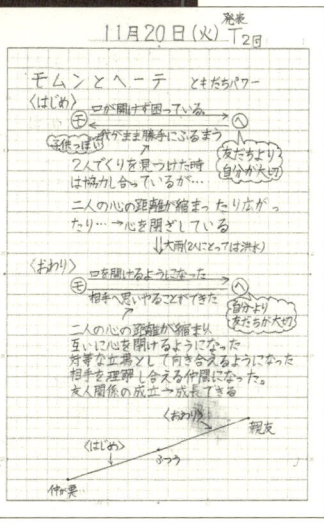

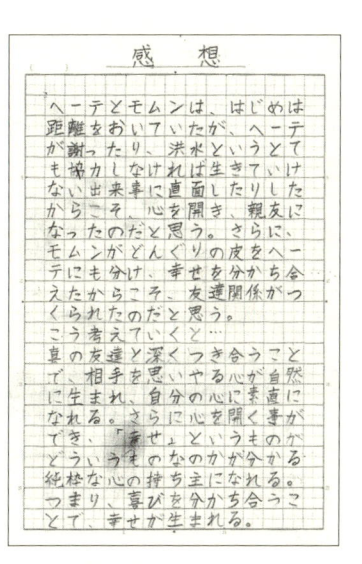

問い返しの引き出し

○「友達だから」できることって何だろう。
○どの場面のモムンとヘーテが仲よしに見えますか。
○最初と最後のモムンとヘーテの違いは何でしょう。
○モムンとヘーテの友達を思う心の違いは？　また，共通点は？
○最後のようなモムンとヘーテだったらできそうなことって何でしょう。

まとめ

この資料は，友達の関係性とその変容を図で表すことができ，全体像を見渡しやすい。だから，1年生でも6年生でもそれぞれのレベルで考えることができる。

私は1年生にも6年生にも授業を行ったが，その学年の発達段階に応じて，非常に興味深く，面白い展開となった。それだけ奥が深い資料であり，内容項目である。

実践Ⅰ　モムンと　ヘーテ

実践Ⅱ　>>> **モムンと　ヘーテ**　　　東京学芸大学附属竹早小学校●竹井　秀文

本時の授業Point 仲なおりはどうしたらできるのかを考えさせる。

- 「けんかするほど仲がよい」という言葉があるが，どのような意味なのだろうか。子どもたちにも聞いてみると，「けんかするけど，仲なおりもしているよ。」と答えてくれた。つまり，けんかしても仲なおりをして，互いの理解度をアップさせて，人間関係をより強くしているのである。
- よって，仲なおりとは友情を深めるということである。どうしたら仲なおりができるのか，仲よしになる条件を考えさせることは，子どもたちが生きていくうえで大きな糧になるだろう。

📖 資料をどのように読んだか

　「友達」というテーマで学ぶ理由を子どもたちに聞いてみると以下のような反応があった。これは子どもたちの問題意識であり，学級の状態を鋭く描写したものである。ふだんの生活の中にある心に留め置いたことこそ，道徳で考えたいテーマとなる。

- 同じ友達ばかりと遊んでいて，広がりがない。
- 39人の仲間がいるのに，いつも同じ友達としか，かかわっていないこと。
- 今まで自分に都合のよい「友達づくり」で過ごしてきたので，本当の意味での「友」とは何かを考えたい。
- 39人が「心が一つになった学級」という目標を達成するために，本当の意味での「友達づくり」を考えたい。

　『モムンとヘーテ』は，子どもたちにもわかりやすく，「友達と本当の意味で仲を深めるためには，どのような心が大切で必要なのか」という子どもたちの身近な問題意識に寄り添うことのできる，全国でも多くの実践が行われる定番の資料である。

　この資料から考えなければならない内容は，二人の関係がどうして変容したか，という点である。

　最初のモムンとヘーテは，くりの実をめぐって関係が悪化する。しかし，大雨という危険な状況のなかで二人の関係は改善していく。

　二人を変えたものは何か。最初の場面と最後の場面における二人の関係を比較することで，表面的な友情とは質の異なる友情を見つけることができる。

1 全体的な流れ

第一時　導入　学活の時間
学級の問題点(休み時間に仲よく遊べない、すぐけんかがおきる、などの友達関係のトラブル)を話し合う。「友達と本当に仲よくなるには」というテーマをつくる。

第二時　本時　道徳の時間
『モムンとヘーテ』を通して「けんかするほど仲がよい」や「けんかしても、仲なおりができるのはなぜだろうか」という問いから、理由を自分で考え、友達間でのトラブルを自分で分析し、構築させる。

第三時　道徳の授業後の展開　道徳の時間
ふつうの友から親友になっていく過程について考え、親友と呼べる友を多く作れる生き方について、他の資料でさらに深く考える。
また、「学級遊び」などを計画させて、学級をより高められることを実感させる。

2 本時の展開

■ねらい
◎意見や考えの食い違いや感情のすれ違いがあっても、友達を助けようとする気持ちがあることに気づき、互いに支え合うことで友達関係はさらに深まっていくことがわかる。
＊友達とは、いつもいっしょにいるだけの存在ではないということに気づく。
＊友達は、心がつながっているから、互いに助け合える存在であることがわかる。
＊そのような友達をいいなと思い、自分もそのような友達をつくろうとする。

■展開

学　習	手立て
主発問：モムンとヘーテは友達だろうか？	
○友達とは何かを考える。	●「友達だから□できる」の□の中を考えさせ、自分の考えをもたせる。
○資料を読んで、友情について考えを深める。	●資料を読み、モムンとヘーテは友達なのか考えさせる。
○信じ合うことのすばらしさを挿絵から感じ取り、「なぜ仲なおりできたのか」を考える。	●相手を信じることで、自分の心に芽生える「友を思う心」について考えさせる。 ●板書を活用して、信頼と友情の内容項目の構造を考えさせる。
○友情を育む(仲を深める)とは何かを考えることができる。	●友情を育む(仲を深める)とは何か、道徳ノートに書く時間を設け、自分の考えをつくらせる。

実践Ⅱ　モムンと　ヘーテ

3 ここで子どもが変わった

> 主発問：モムンとヘーテは友達だろうか？

　友達とけんかしても仲なおりできることが大切であることは当たり前である。しかし、「仲なおりはどうしてできるのか」、「ただ謝れば仲なおりができるのか」という問いかけをすることで、子どもたちが自ら考えるきっかけをつくりたい。

　そして、資料を通して「二人は友達なのか」と発問したい。これにより、子どもたちは友達関係をよりよくしていく過程を自分たちで考えることができる。

モムンとヘーテは友達だと思いますか？

思います。「けんかするほど仲がよい」って聞いたことがあります。

思います！だって友達じゃないと「ごめん」と言いにくいし、許してあげられない！

けんかして仲なおりできるのは友達だからだよ。

けんかして仲なおりするまでには時間がかかると思う。モムンも考えていたように、順番みたいなものがあると思う。

二人は友達です。けんかしても、気まずくなっても、相手を思うと謝って仲なおりしたくなる。相手を信じているからだと思います。

「けんか」と「仲なおり」がぐるぐると回っているから、どんどん仲がよくなっていくんじゃないの！だから、「けんかするほど仲がよい」って言うんだね。

4 板書

❶導入は，子どもたち自らに「問い」をもたせなければならない。そのために，既成概念を崩す必要がある。「仲なおりはどうしてできるのか」という問いを，導入時の発問である「友達だから□できる」から導き出すことにした。□の中の言葉を発表させ，整理しながらていねいに問いをつくっていく。

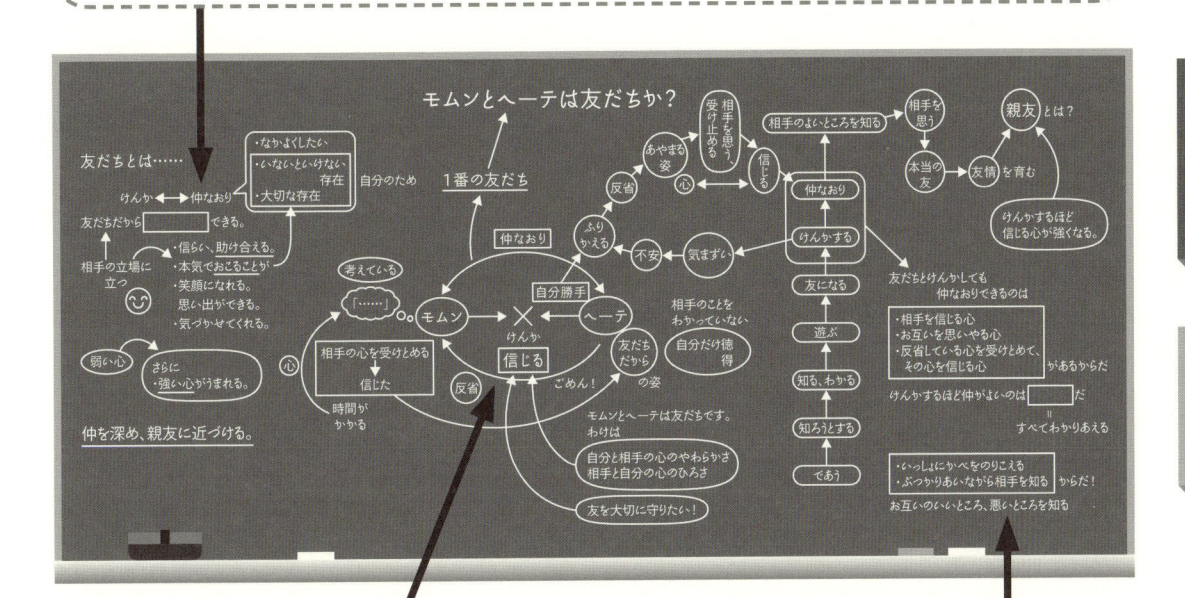

❷関係図などで板書を構造的に示し，モムンとヘーテの「友達」という人間関係を捉えやすくする。とくに双方向の矢印や色別の線などで書きこんでいくとよい。

❸終末において，導入で問いかけた「けんかしても仲なおりできるのはなぜか」，「けんかするほど仲がよいとはどういうことか」を再び問いかけ，自分なりの答えを道徳ノートにまとめさせる。そこで書いたものを発表させ，板書で整理する。その際に，子どもたちのまとめが本時の学びのどこに位置づくのかを，はっきりさせて板書する。

ワンポイントアドバイス！

モムンとヘーテという二人の関係性を明らかにできるような板書構成の工夫が期待される。本資料は四つの場面絵で構成されているので，その場面ごとに二人の仲よしレベルを考えさせるのも効果的な方法である。二人のこびとが判別しにくいので，図を使って明らかにしてやるという意図もある。

実践Ⅱ　モムンと　ヘーテ

5 子どもの反応

【道徳の授業感想】

- 「友達」は、けんかと仲なおりをくり返し、相手を思う。そして友情が生まれる。助け合い、信じ合うことで、相手との友情が深まり、親友になる。
- 友達とけんかをしても、相手の考えを知り、仲を深めることができる。それは、相手の今まで知らなかったところを知ることができるから。つまり、友達になるには、おたがいをわかり合うことが大切だと思う。
- 相手を信じられる心が自分にあるから、親友に近づけるのだと思う。
- 「本気でおこる＝けんかする」ことで後から笑顔になれ、宝物になる。
- けんかすることで、ぶつかり合いながら、相手を知ることができるから、仲なおりができるのだと思う。

【道徳ノート＆学級通信】

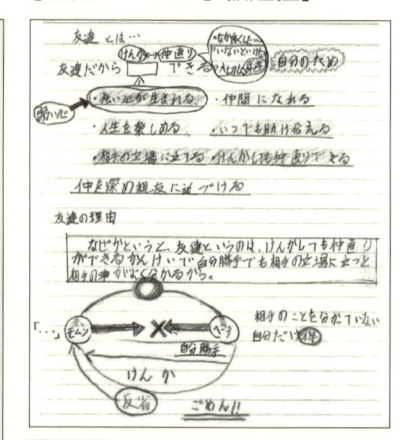

特徴的な場面

- 学級における課題「友達とけんかが多く、仲よく遊べないこと」を共有して、テーマを設定した。
- 道徳の時間だけではなく、学級活動で「学級遊び」をすれば、もっと仲よしになれるという提案を受け、実際にやってみたがうまくいかず、課題が残った。学級通信で、その課題を客観的に捉え、道徳で学んだことを日常的に意識させたことで二回目の学級遊びは、仲よく遊ぶことができ、仲よくすることの喜びを実感することができた。

ここでひと言！

竹井教諭は、「学級遊び」をするだけでは友達関係をうまく構築することができなかった子どもたちの様子を捉えている。確かに、何かをするだけでは仲よくなれない。モムンとヘーテも、いっしょにくりの実を切ったり、分け合ったりしている様子が描かれているが、そのような行為を力を合わせてしただけでは仲よしとは言えない。そのような表面的なつきあいから深い心のつきあいを理解するからこそ、二度目の「学級遊び」はうまくいったのであろう。

6 授業後の子どもの変容

本時の実践後に、「『友達は、どうしたら親友になるのか』について、みんなで考えたい」という意見が出た。本時で学んだ後も、まだ考え続けているのである。

そこで、「友はいつから親友になるのか」という問いについて、次時『絵ハガキと切手』の実践につなげていった。資料では、郵便料金の不足を友達に伝えるかどうかが問題となる。お母さんは言わない。お兄さんは言う。母の意見も兄も意見も、それぞれに「友へのやさしさ」は見える。悩んだ末、主人公は兄の意見を選択する。そのわけを考えることがこの問いを解決することである。

「親友は、互いに過ごした時間が大切で、『きっとわかってくれる』という信じ合う心が、『言う』という行動を生み出すからこそ本当の友であり、親友といえる。」という意見が出た。

7 授業をふり返って

どんな子でも、自分の考えをもてば、学習の主体が自分であることを自覚できる。本実践では、「友達だからけんかができる」という考えを引き出し、「けんかしても仲なおりができるのはなぜか」という、簡単なようで難しい問いを考えさせることができた。だから、「モムンとヘーテは友達か」という問いが生まれるのである。二人は当然、友である。その根拠を考えることによって、「友情とはどう育むのか」という本質に迫って考えることができ、けんかしても仲なおりができる友達関係を築くすばらしさを学ぶことができるのである。

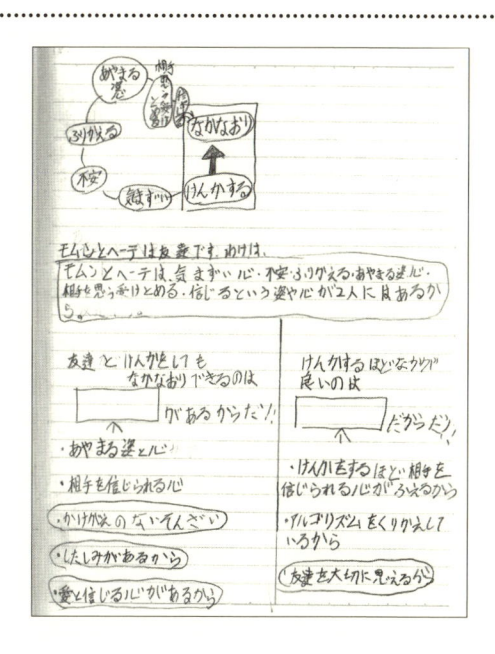

この授業のポイント！

友情・信頼とは、互いに認め合う相互の関係性が大切である。どちらかが一方的に押しつけていたり、がまんしていたりしては成り立たない。私は4年生で授業をしたことがあるが、ひとりの女子児童が、「自分を抑えて自分を出す。これがうまくバランスよくいった時、友達関係はよくなる」という趣旨の発言をした。なるほどと思った。相手とのやりとりの中で、出すべきは出し、引くべきは引く。それは相手を理解し、信頼し、対等な関係を築いているからこそ、できることである。

コラム

「努力」はよいもの？

「毎日毎日，自分の体が通る大きさの穴を，数センチずつスプーン一本で掘り進めていきました。気が遠くなるような作業です。それを，強い意志と絶対にあきらめない心で続けていました。そして数年の月日が経ち，やっと外に出ることができました。」

この話を読んでどう思われますか？ これが努力の美談として成り立つかというと，簡単には言い切れません。

例えば，これが刑務所ならどうでしょうか。『青の洞門』ならどうでしょうか。前者であれば，努力という言葉を使うことすらはばかられるでしょう。逆に，後者であれば立派な努力といえるのでないでしょうか(努力という言葉には収まらないかもしれませんが)。

このように考えると，ただ単純に「努力はよいものだ」と子どもたちに伝え続けるだけでは意味がありません。努力には，よい努力も悪い努力もあるからです。

私たちが子どもたちに求めているのは，単なる努力ではなく，人として正しい方向へ向かっていく努力です。ということは，どのような努力がよいのか，そして，なぜその努力がよいものなのかということを，子どもたちに捉えさせる必要があります。そしてこれは努力のみに限らず，様々な「道徳的価値」についてもいえることです。教師自身，「道徳的価値」がなぜ価値のあるものなのか，日頃から考えを深めることが必要なのではないでしょうか。

(鈴木)

第2章 実践編
中学年

『ないた赤おに』	実践Ⅰ 実践Ⅱ	P.76-79 P.80-85
『生きたれいぎ』	実践Ⅰ 実践Ⅱ	P.86-89 P.90-95
『お母さんのせいきゅう書』	実践Ⅰ 実践Ⅱ	P.96-99 P.100-105
『五百人からもらった命』	実践Ⅰ 実践Ⅱ	P.106-109 P.110-115

中学年 主題名　ほんとうの友だち

ないた赤おに

1 主題を通して考えたいこと

「ほんとうの友達」に対し「うその友達」というが、これはどういう友達だろう。表面上は仲よしを装い実は本心を隠していたり、いっしょにはいるが、ぶつかり合いや影響の及ぼし合いは一切しない。これを友達と言うだろうか。いっしょにいる仲間ではあるが、それは「ほんとうの友達」ではない。

近頃の子どもたちの姿から言うなら、街角で車座になって座り、一人ひとりがスマホや携帯ゲームに没頭している構図である。

2 内容項目について

> [友情・信頼]
> [第3学年及び第4学年]　友達と互いに理解し、信頼し、助け合うこと。

「互いに」という文言からもわかるように、相互作用のやりとりである。一方通行や独り善がりでは成り立たない。押しつけもだめだが、自己犠牲もだめである。対等な関係を、資料を通して模索・追究したい。

3 資料について

あらすじ

人間と仲よくしたい赤おには、青おにの提案に乗って一計を講じる。青おには人間にとって悪者となり、赤おには人間と仲よくなれた。策が露見して赤おにの立場が悪くなることを心配した青おには、自ら旅に出て姿を隠す。置き手紙を読んだ赤おには、はじめていちばん大切な友を失ったことに気づき、涙を流す。

資料をどう読むか

友達のために民家で暴れ、その後、旅に出た青おにの心遣いや行動を通し、子どもたちが、そのような友達を欲し、そのような友達にふさわしくなりたいと思える資料である。読み聞かせただけで泣き出した子もいる感動を与える資料である。その感動の本(もと)は何だったのだろうか。

実践 I >>> **ないた赤おに**

私はこう授業した
筑波大学附属小学校教諭●加藤 宣行

本時の授業 Point
赤おにと青おにの友達レベルを比較する。

● 友達関係は一人では成立しない。二人の関係性を分析する必要がある。その際，二者の関係を図式化して考えると分かりやすい。比較して考えるのである。そうすると必ずしも二者が対等で，同じレベルの友達観を保有しているとはいえないことがわかってくる。

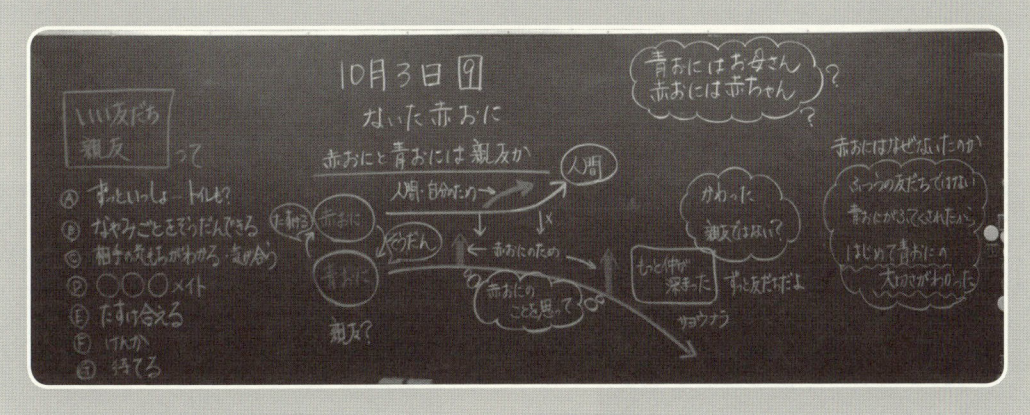

1 授業の展開

導入
○「仲よし」ってどういう友達のことですか。
・いつもいっしょにいる。
・悩みを聞いてくれる。

展開
○赤おにと青おには最初の頃の方が仲よしですね。最後はいっしょにいられなくなってしまいましたから。
・いや，違うと思う。最後の方が仲よくなった。
○おや？最初に皆さんが言っていたことと違いますね？
・う〜ん……。

終末
○「仲よし」の考え方は変わりましたか。
・変わった。
・そばにいるかどうかではなくて，相手のことをどれだけ考えられるかが大切。

実践 I　ないた赤おに

2 板書講座

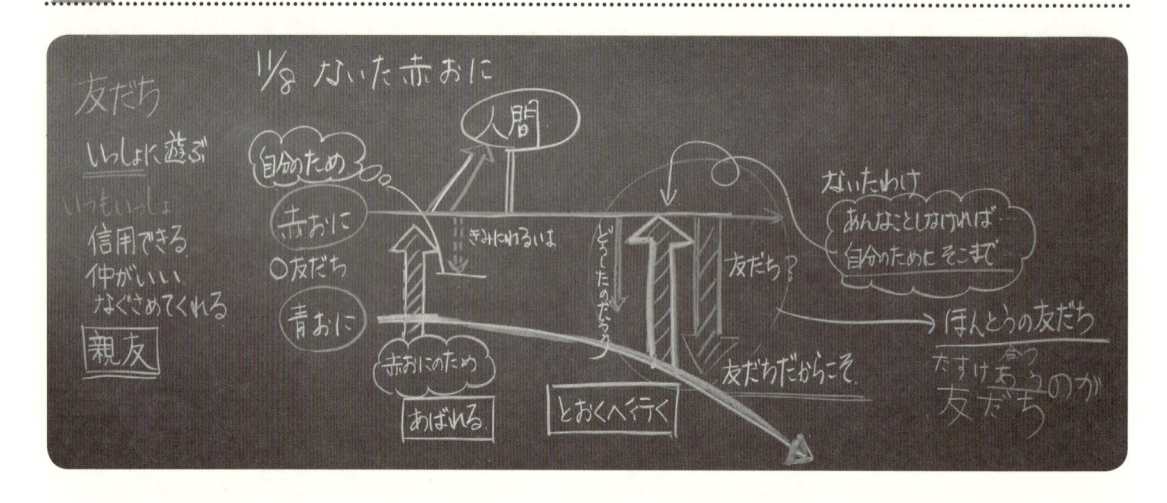

■二者の位置関係と友達を思う心を視覚化して比較する。

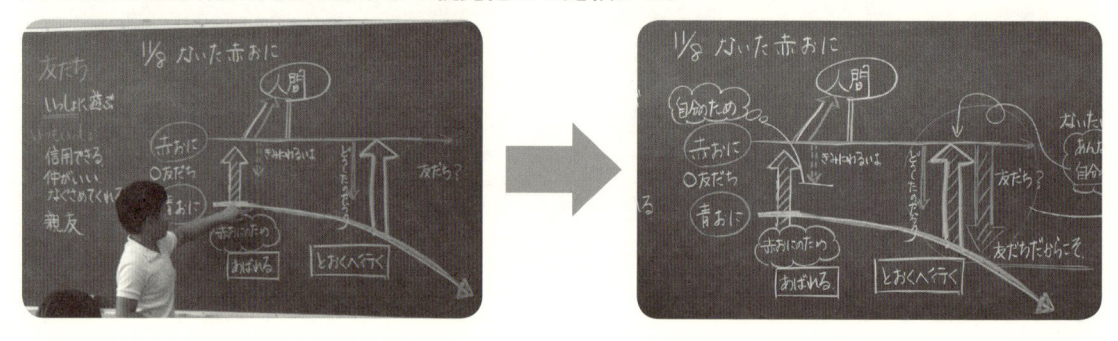

■別の学級の実践

この時の子どもたちは，赤おにと青おにの友達レベルを数字で表した。

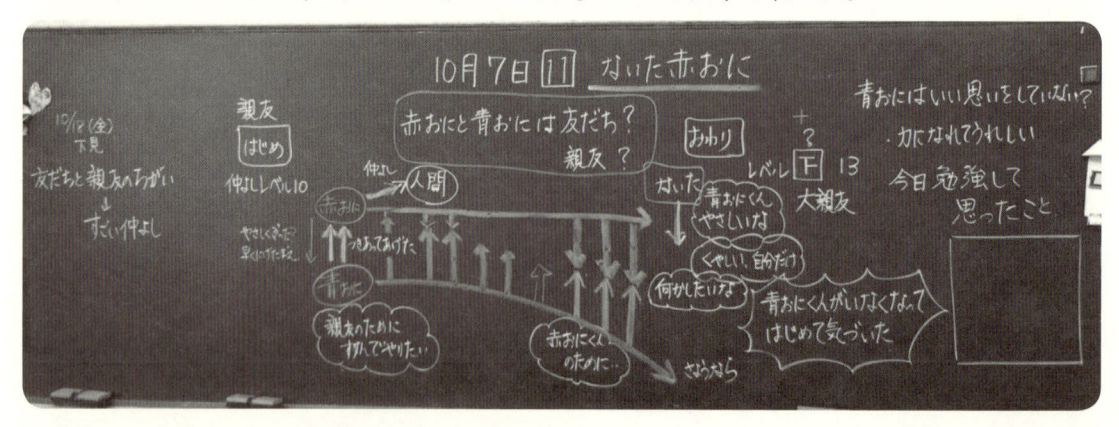

青おにから赤おにへの矢印がたくさん出ていることに着目。その数だけ，青おにの方が赤おにのことを思いやっているというように考えた。

3 子どもの反応

> ビデオを見たときは，こんなに赤おに君と青おに君が仲がよくて思いやっているんだなということがわからなかった。けれど，今日みんなで話し合ったら，こんなに仲がよくてとっても思いやりがあるんだということが，深くわかった。友達は，こんなに大切なんだということがわかった。

> 親友は，思いやりを出し合って仲よしになっていく。力になりたいと思ったら，自分から進んでやるとよいと思う。青おに君のようになってみたい。親友ってすごいな。

■ 道徳ノート

板書や授業中の話し合いをもとに，子どもたちは友達の相関図を自分なりに完成させ，思考を深める。

「思いやり光線」が青おにからはたくさん出ているが，赤おにからはあまり出ていない。

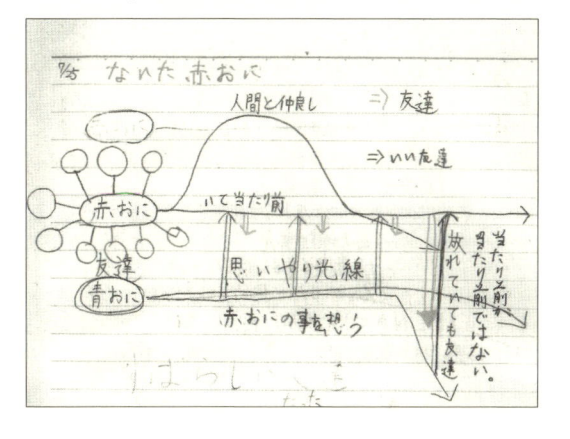

問い返しの引き出し

○赤おにと青おにの友達レベルはどちらが上ですか？ 数字で表しましょう。
○赤おにと青おにの違いは何ですか？
○青おには赤おにのために犠牲になったのですか？
○赤おにと青おにがいちばん仲よしになったのはどこでしょう。

まとめ

赤おにと青おにの友達レベルは違う。「すてきな友達にふさわしい自分になる」という点もどこかで押さえたい。この資料で授業を数多く行ってきた。心に残る発言はいろいろあるが一つ紹介したい。
「最後，二人のおにの体は遠くに離れてしまったけれど，心はいちばん近くなったね。」

実践Ⅰ　ないた赤おに

実践Ⅱ　>>> ないた赤おに

埼玉県和光市立広沢小学校●古見　豪基

本時の授業 Point
二時間扱いで資料に向き合わさせる。

- 「本当の友達とは何であるか」という大テーマをもとに，資料にある問題点を，学校生活や日常生活の中で疑問に思ったことを重ね合わせ，友達という道徳的価値について考えていく。
- 「どうして赤おには人間の友達がたくさんいるのに泣いたのか」という発問をもとに，赤おにの心のもとを構造的に捉えることで，青おにの思いやりについてしっかりと考えられるようにする。
- 「二人が友達としてできたことは何か」という問いから，よき友達関係について，授業で学習したことをもとに自分の考えをもたせるようにする。

📖 資料をどのように読んだか

　自分に不利になることを承知の上で，友達のために村に暴れ込んだり，旅に出たりした青おにの心や行為を通して，子どもたちは友達のために尽くすことのすばらしさに心を動かすに違いない。しかし，それは表面的な捉えである。赤おには，青おにのおかげで人間と仲良しになり平和な生活を送ることになるが，青おにの手紙を読んで，改めて青おにの思いやりの大きさに気づく。感謝の気持ちを伝えられずに後悔の念に駆られる赤おにの心のもとを考えさせることができる。また，青おにの本当の思いやりの是非を子どもたち自身の経験を通して改めて考えることができる。さらに，「二人が友達としてできた精一杯のこと」を考えさせることでねらいとする価値に迫ることができる。

　赤おにの心を構造的に捉えることと，青おにの心と思いを掘り下げることで「思いやり」の心について考えさせた。その上で，子どもたち自身の友達観をもとに，「自分だったらどうするか」という問いについて考えさせた。また，自分の意見が学級の友達にとって合意性があるかを知り，友達の意見を取り入れながら学習する点を大切にした。

1 全体的な流れ

第一時 導入 総合的学習の時間
- ○「友達だから〜できる」の「〜」部分を考えさせ，事前の子どもたちの道徳的価値について書くことで確認する。
- ○資料を読んでテーマを探し，その後話し合いたいことをまとめ，共有する。

第二時 本時 道徳の時間
- ○「子どもたちが考えたもの」をまとめた表をもとに話し合う内容を決める。
- ○「本当の友達って何だろう？」という価値や概念にせまる問いをもとに，資料をとおして道徳的価値の自覚を深めていく。(話し合い活動)

第三時 二時間目 道徳の時間
- ○前時の話し合いを深めるために，自分の立場を意識した問い「赤おにが感じ取った大切なもの，ことって何だろう」を中心に子どもたちの道徳的価値を深化させていく。(話し合い，書く活動)

2 本時の展開

■ねらい

◎友達のことを心から思いやり，自分にできることを精一杯しようとする。
 ＊友達のことを心から思いやる心をもって，友達のために精一杯尽くした人の心や行為にふれて，感動することができる。
 ＊友達のことを思いやり，友達のために精一杯しようとする心は，自分ももっていることがわかる。
 ＊友達のことを心から思いやり，支え合って生活していこうとする。

■展開

学　習	手立て
○自分の友達観をもとに，人間と友達になり赤おにの思いが達成されたことと，青おにの思いやりを比較しながら考える。	●赤おにと青おにと人間，三者の相関関係がわかりやすいように板書する。
主発問：どうして赤おには人間の友達がたくさんいるのに泣いたのか？		
○「青おにがいなくなって，後悔している」などの考えが表面的であるということを捉える。 ○青おにの深い思いやりに気づき，感謝の心がわき出るが，それを青おにに伝えられなかったことが悔しさや涙につながることを捉える。	●表面的な心や行動と，それに至ったもとの心がわかるように板書する。 ●青おにの心についても考えさせる。 ●思いやりの道徳的価値が構造的に理解できるように板書する。

実践Ⅱ　ないた赤おに

3 ここで子どもが変わった

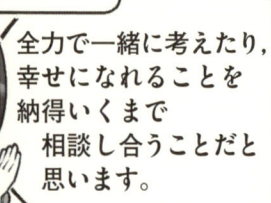

4 板書

■流れ ❶事前の道徳的価値について確認し共有する。
　　　 ❷本時で考えるテーマについて共有する。
　　　 ❸主発問を中心に話し合いの中で考える。
　　　 ❹授業を通して学んだ道徳的価値について整理し共有する。

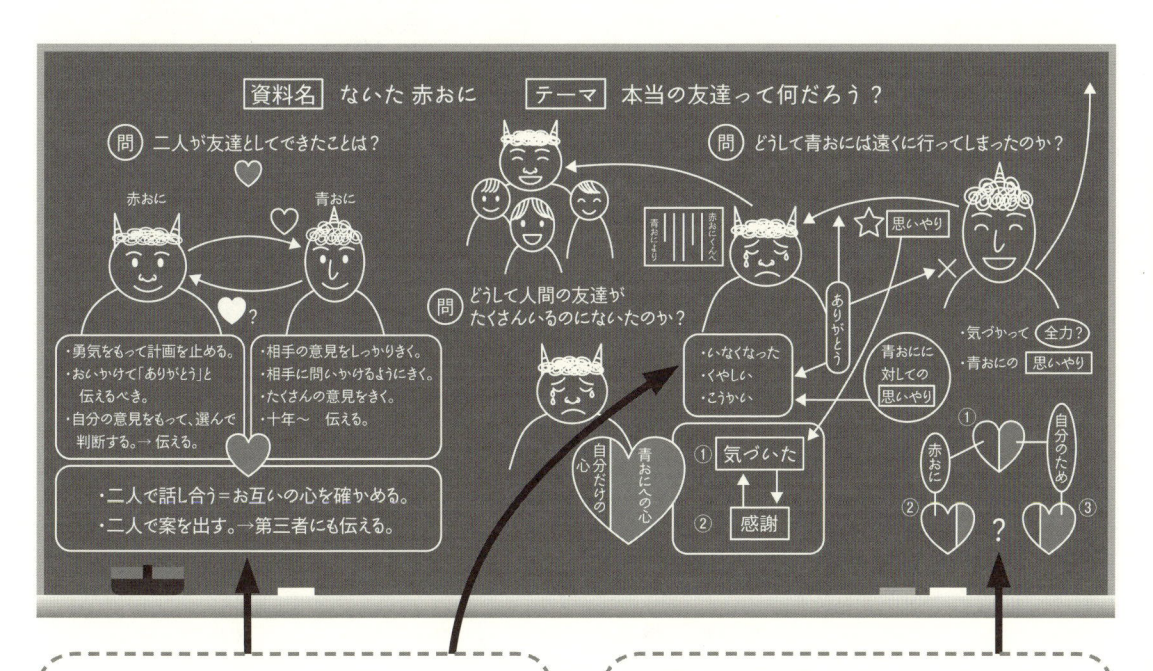

<板書イメージ>
資料名　ないた赤おに　　テーマ　本当の友達って何だろう？
問　二人が友達としてできたことは？
問　どうして人間の友達がたくさんいるのにないたのか？
問　どうして青おには遠くに行ってしまったのか？

赤おに／青おに
・勇気をもって計画を止める。
・おしかけて「ありがとう」と伝えるべき。
・自分の意見をもって、選んで判断する。→伝える。
・相手の意見をしっかりきく。
・相手に問いかけるようにきく。
・たくさんの意見をきく。
・十年～　伝える。
・二人で話し合う＝お互いの心を確かめる。
・二人で案を出す。→第三者にも伝える。

・いなくなった
・くやしい
・こうかい
①気づいた
②感謝
ありがとう
青おににに対しての思いやり
・気づかって　全力？
・青おにの　思いやり
赤おに／自分のため
?

（吹き出し）心を構造的に板書していくことで、価値構造も理解させ、ねらいとする道徳的価値に迫る。

（吹き出し）青おにの心をハートグラフにして三つの心の度合いを比較することで思考を深めた。

■まとめ
　青おにの思いやりについて、「青おに自身のため」、「赤おにのため」、「両方」という三つのハートグラフに分け、自分の考えを明確にした上で話し合いをさせることで、友達の友情観と比較して考え、子どもたち自身の友情観にも磨きをかけることができた。
　また、赤おにの涙の理由を考える際に、青おにとの関係を、表面的な部分だけではなく二人の関係のもとを考察する構造的な板書があれば、子どもの思考を深めるのに効果的であることがわかった。

ワンポイントアドバイス！

友情・信頼の価値は、自分自身の問題ではなく、相手との関係性の問題である。赤おにと青おにの友達関係を考えた時、決して対等ではないことに気づく。
　赤おにが泣いたわけは、そのようなズレに気づいたからではなかろうか。友情とは初めからあるものではなく、育むものである。

実践Ⅱ　ないた赤おに

5 子どもの反応

【子どもの記述】

> 赤おにはなぜ泣いたのか？
> 　私は，本を読んだだけでは悲しいだけだと思っていました。しかし，青おにの思いやりに気づいてありがとうの気持ちが大きくなったけど，その気持ちが青おにに伝わらないことが悲しいとわかりました。またA君が「思いやりそのものに感動したうれし涙なんだ」という意見にも賛成だと思いました。

特徴的な場面

○黒板を教師の説明用のアイテムではなく，子どもの思考を高める場として活用している。前に出て，絵や図やグラフなどを用いて説明したり書き加えたりすることで，子どもたち自身で授業をつくるように指導している。

○自分の考えを書いてまとめる活動においては，自分の意見と友達から学んだことがわかるような記述をするように指導している。学び合いの大切さが実感できる。

ここでひと言！

　古見教諭は，子どもたち自身の思考を高める場として，子どもたちに黒板をあけわたしている。これは大切なことであるが，次に考えたいのはどのようなタイミングであけわたすかである。大きく分けて二つある。一つは，教師が観点を示して子どもたちの発想を広げたいと考えている時。二つ目は，子どもたち自身が書いて説明したいと思い，自ら黒板に出て説明を始める時である。両方とも教師がきっかけを与えるところから始めることを忘れてはいけない。

6 授業後の子どもの変容 → 他学年での授業

●事前にもっていた友達観●
楽しい。助け合える。一緒に遊べる。
相談できる。話を聞いてくれる。協力できる。
けんかできる。→すぐに謝って仲なおりできる。
信じ合える。かしかりができる。
笑い合える。思い合える。
秘密を言い合える。はげまし合える。
どんなことでも,ともにのりこえられる。

●二時間目で学んだ友達観●
・なぐさめ合える。
・結果が悪くても,そのときに精一杯友達にできることをしてあげる。
・その時間の中で,最大限できる方法を考える。
・自分たちの未来のことをしっかり考えて計画を立てる。

・お互いがしっかりと納得するまで話し合う。
・相手の意見を丸呑みしない。
・二人で考えた案を他の人にも聞いてもらう。
・相手に問いかけるように訊く。

・友達の意見からしっかり自分で選んで判断し,責任もとる。
・感謝の気持ちをもって接する。

7 授業をふり返って

　飛び込みの授業ということもあり,今回は二時間構成で内容を深めていこうと考えた。また,子どもたちの主体性を大切にするため,座席型のノートを作って学級の友達がどのように考えているのか,共通点や相違点を見つけながら授業を構成した。そして,子どもたちの考えを関係づけ,そこから問いをつくり,ねらいとする道徳的価値に迫った。

　授業では,一時間目に自分の立場を明確にさせるような板書を工夫し,「青おににはどうして犠牲になってまで,赤おににやさしくしてあげたのか」を学習問題として,友達に対するねらいに迫った。しかし,「犠牲」というキーワードだけでは,二人の友達としてのよさには迫れないことに気づいた子どもたちは,二時間目に赤おにの涙の意味を考えることで,青おにの思いやりについて改めて考えることができた。

　このように,複数時間で構成する授業のよさが表れた結果となった。

この授業のポイント！

　本授業は,二時間続きで意識を継続させ,思考を深める手立てをとったことがポイントである。本資料のように長い資料の場合,事前に読ませて考えをまとめさせておくとか,一時間目に問題意識を醸成させておいて,二時間目にじっくり話し合いの時間をとってまとめるなどの工夫は必要であろう。
　資料に応じて柔軟な取り組み,展開を心がけたい。

中学年　主題名　生きたれいぎ

生きたれいぎ

1 主題を通して考えたいこと

　生きた礼儀とはどういう意味だろう。「生きた」ということは、そうではない礼儀があるということである。「本当の○○」という表現がある。これも「生きた○○」と同義だろう。礼儀も親切も友情も、大切で価値のあることであるが、それだけでは道徳的な意味はない。例えば「友達を手伝う」という行為・行動は、親切であり友情の表れととらえられるが、それも時と場合による。悪巧みを手助けするのでは困る。つまり、本当の友情は、時に「友をいさめる」ことも含まれるのであり、表面的ななれ合いとはほど遠い世界にある。

2 内容項目について

[礼儀]
[第3学年及び第4学年]　礼儀の大切さを知り、誰に対しても真心をもって接すること。

　礼儀は型であるが、「型だけでは形無し」という冗談のような話である。道徳教育ではそのように、「形と心をセットに考える」ということがポイントである。もちろん、一般の社会通念では、型だけの礼儀も存在価値があるし、それが当たり前の世界である。どんなにいやな相手でも笑顔でていねいに接しなければならないし、心がこもっていようがいまいが、きちんとあいさつをしなければ成り立たないつきあいがある。

3 資料について

あらすじ

　晩さん会に招待したお客が、緊張のあまりフィンガーボールの水を飲んでしまう。それを見た女王は、自らもフィンガーボールの水を飲み、お客に恥をかかせまいとする。一国の女王が、フィンガーボールの使い方（礼儀）を知らないわけがない。女王のとった行為は礼儀作法を無視しているが、それよりも大切な何かを守ったとも言える。

資料をどう読むか

　女王は礼儀作法を遵守していないから、その点では「礼儀知らず」である。礼儀正しいかといわれたら、そうとはいえない。
　しかし、なぜ、女王の人がらに対し親しみを覚えるのであろうか。そのズレを埋めることが本資料の読みにつながる。

実践Ⅰ >>> 生きたれいぎ

私はこう授業した

筑波大学附属小学校教諭●加藤 宣行

本時の授業Point
礼儀の本当の意味を考えさせる。

○礼儀作法を知っているか　知らないか
○礼儀作法を守っているか　守っていないか

この二つの観点で登場人物を類別し，だれがいちばん礼儀正しいか分析させる。

- **女王様** 礼儀作法を知っており，守っていない。
- **お客様** 礼儀作法を知らないかうっかり忘れ，守れなかった。
- **その他の人々** 礼儀作法を知っており，きちんと守っている。

1 授業の展開

導入
○礼儀正しい人とはどういう人ですか。
・マナーを守れる人。
○フィンガーボールをどうやって使う人ですか。
・指を洗うためにきちんと使える人。

展開
○では，女王様はいちばん礼儀正しくない，礼儀知らずの人ですね。
・そんなことはない，だってお客様のためにしたのだから。
○では，いちばん礼儀正しい人はだれですか。
・きちんと礼儀を守っている他の人々。
・女王様は礼儀より，人を大切にしている。

終末
○礼儀がある意味は何でしょうか。
・お互いの生活をよりよくするため。
○礼儀よりも，それが先にあるのですね。
・うん。そういうものが礼儀になった。
○生きた礼儀とはどういう意味なのでしょう。
・人を見ないで礼儀ばかり気にするのでなく，人を生かすための礼儀。

2 板書講座

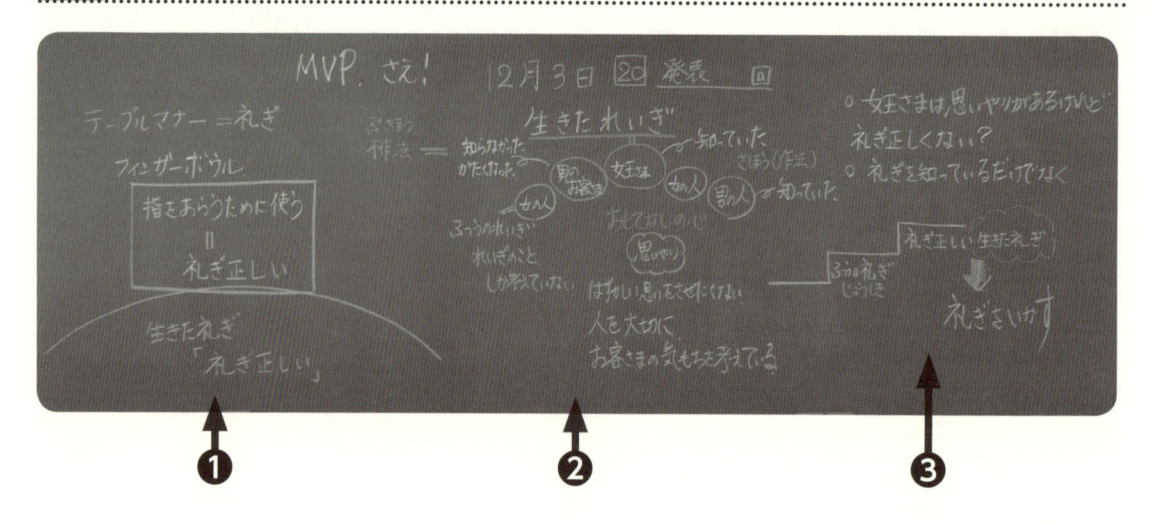

❶ 初めに礼儀正しさを定義する。
❷ 授業で礼儀の本当の意味を考える。
❸ 最後に再度定義する。
❶と❸を比較することで本時の学びが明確になる。

比較

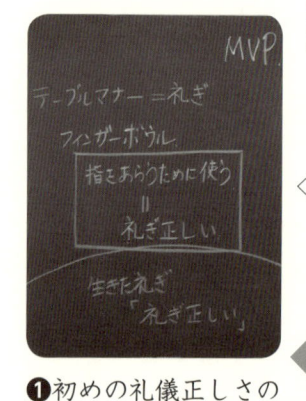

❶ 初めの礼儀正しさの定義は、マナーを知っている人、きちんとできる人という形式的な理解である。

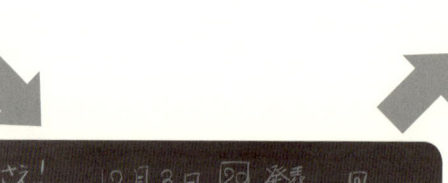

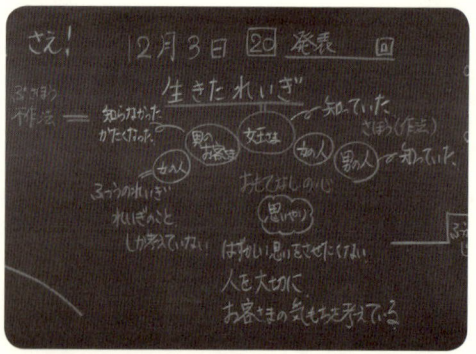

❷ 授業中に、「礼儀正しくない行為・行動を、相手のために意図的に行う」ことをもとに、礼儀の本来の意味を考える。

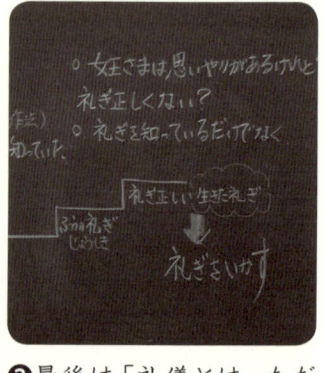

❸ 最後は、「礼儀とは、ただマナーを守るだけではなく、何のためのマナーなのかを考え、時と場合と相手によって使い分けることだ」ということに気づく。
「生きた礼儀」とは礼儀を生かし、自分を生かし、相手を生かすことである。

■別の授業の板書

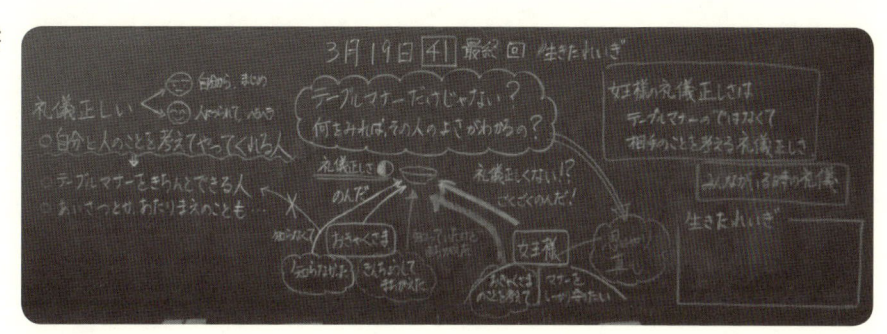

3 子どもの反応

　本時では,『礼儀正しい人はどういう人か』という問いに対して, 二つの考えが出された。「テーブルマナーやあいさつなど, 当たり前のことをきちんとできる人」と「自分と人のことを考えてやってくれる人」である。

　これは非常に興味深い分類である。子どもたちは無意識のうちに礼儀のもつ形のよさと, 形を生む心のよさについて語っている。授業では, この子どもたちの「無意識の気づき」を明らかにしてやればよい。そうすれば, おのずと礼儀のよさを自覚し, 身に付けようとするであろう。

問い返しの引き出し

○マナーを守る人は礼儀正しいですね。
　→では, 女王様はマナーを守っていないから礼儀正しくないですね。
○この話の中で, マナーを大切にしている人はだれでしょう？
○礼儀とは何のためにあるのでしょう？
○生きた礼儀の「生きた」とはどういう意味でしょう？

まとめ

　「何を見れば人のよさが分かるの？」授業のやりとりの中から生まれた問題意識（疑問・問い）である。大きなテーマを含んでいる。本時だけでクリアできる問題ではないが, 本時をきっかけに考えていくこともおもしろい。このような解き明かしたい問題ができると, おのずと授業に向かう姿勢が変わり構えができる。確かにマナーやルールを守っているだけで人のよさはわからない気もする。それはそれで大切な立ち居振る舞い（文化）であろう。

実践I　生きたれいぎ　89

実践Ⅱ >>> 生きたれいぎ

群馬大学教育学部附属小学校●岡田　千穂

本時の授業Point
「マナーを破った女王様は本当に礼儀正しいのか」を問う。

●礼儀とは，相手に対して敬意を表す心を目に見える形として表したものである。よって「型」があり，その「型」を踏襲することでその人の相手に対する敬意が見えてくる。しかし，型どおりにすることが，必ずしも相手に敬意を表すことになるとは限らない。相手に対する敬意の表し方は，時，場，相手によって変わるものだからである。行為と心のつながりがより明確になるように，行為と心とに分けて層構造化した板書が必要となる。

📖 資料をどのように読んだか

　この資料は，女王の行為が正当なものであることが前提として書かれているが，あえて先入観を取り払って一人の読者として読んでみると，女王の行為は正当なものであったかという疑問がわいてくる。そこで，「女王様はなぜ水を飲んだのか」という問いを中心に授業を進めた。子どもたちに考えてほしかったのは水を飲んだときの心の部分であるが，より具体的に考えられるように，「女王様は礼儀正しいか」という問いから始めた。また，この問いで授業に一本筋を通せるように，導入では「礼儀正しい人はどのような人か」，終末では「今だったら礼儀正しい人はどのような人だと考えるか」と問いかけた。フィンガーボールの水を飲むという行為は，本来の使い方からは逸脱した，無礼な行為である。一国の女王がこのような無礼な行為を後追いしてよいのか。そう考えると，女王の行為は正当であるとは言い難い。

　しかし，無礼な行為をした女王に対して，私たちはなぜか人としての温かさを感じる。一国を担う女王の気概すら見えてくる。なぜだろうか。

　それは，女王の行為の大本（おおもと）に，礼儀の本質である真心があるからであろう。水を飲むという行為がマナー違反であっても，その行為から相手を大切にしたいと願う女王の心が透けて見えるのである。心と行為が一体となった女王に対して，私たちも敬意を表したくなる。一見矛盾を孕んでいるこの部分を，子どもたちとともに考えていきたい。

1 全体的な流れ

第一時 事前 常時指導
○相手のことを考えて行動することの大切さについて考える。

第二時 本時 道徳の時間
○礼儀正しい人はどのような人かを考える。
○資料を読み，水を飲んだ女王様の大本の心を考える。
○本時をふり返り，再度礼儀正しい人はどのような人かを考える。

第三時 事後 常時指導
○自分の周りにいる礼儀正しい人を探す。
○礼儀の意味を知り，身の回りにある礼儀作法の意味を考える。

2 本時の展開

■ねらい
◎礼儀の意味を知り，誰に対しても心を込めて接する。
　＊礼儀は相手を思いやる心がもとになっていることがわかり，心が動く。
　＊自分の周りにある礼儀作法のもとの心がわかる。
　＊相手に対して心をこめて礼儀正しくしようとする。

■展開

学習	手立て
○**資料を読み，フィンガーボールの水を飲んだ女王の行為の意味を話し合う。** ・「女王様は礼儀正しいか」を考える。 ・「女王様はなぜ水を飲んだのか」を考える。	●資料を読む観点をもてるように，礼儀正しい人はどのような人か，具体的に考えられるように問いかける。 ●礼儀に対する考えを深められるように，導入で考えた礼儀正しい人と資料の女王を比較させる。
主発問：礼儀正しい人はどのような人か？	
・女王が水を飲んだ大本の心について考える。 ○**そのような心が自分にもあるかを考える。** ○**本時をふり返り，再度「礼儀正しい人」はどのような人かを考える。**	●女王が考える礼儀の大本の心に気づけるように，女王の行為の理由を考えさせる。 ●自分の周りにも女王のような心遣いがあることを実感できるように，女王のような人が自分たちの周囲にいるか問いかける。 ●本時で学んだことを把握できるように，導入で考えた問いについてもう一度考え，自分の言葉でまとめさせる。

3 ここで子どもが変わった

主発問：礼儀正しい人はどのような人か？

女王様は礼儀正しいかな？

礼儀正しい！

うーん，礼儀正しいと礼儀正しくないの中間。

マナーを守っていないから礼儀正しくないけれど，何となくいい人な気がする。

うん，マナーを守っていないけれど，いい人！

フィンガーボールの水で手を洗った女王様と水を飲んだ女王様では，どちらが礼儀正しいのかな？

水を飲んだほうが礼儀正しいんじゃないかな？

手を洗うのはマナーを守っているけれどお客様がかわいそう。

会場がいやな空気になる。心が冷たく感じる。

相手を気遣う心がある方がいい。

水を飲んだら，マナーは守っていないけれど，お客様がいやな思いをしない。

相手を気遣い想う心をもとにしているから，礼儀正しい人に見えるんだね。

礼儀って，形にしないと見えないけれど，どんな心で相手に接するかも大切ですね。

4 板書

板書は子どもたちの思考の場である。板書をもとに子どもたちの思考が広がったり深まったりする。板書をする際のポイントを以下に述べる。
❶導入と終末に同じ問いを置き，本時で何を学んだのかをはっきりさせる。
❷展開で子どもたちが気づいた，行為の大本（おおもと）の心を層構造的にかく。

> ❶本時で扱った内容項目は「礼儀」である。導入で問題意識をもって資料を読めるよう，「礼儀正しい人はどのような人か」と発問し，板書した。

> 終末に同じ問い「今だったら，礼儀正しい人はどのような人と考えるか」と発問し，板書した。

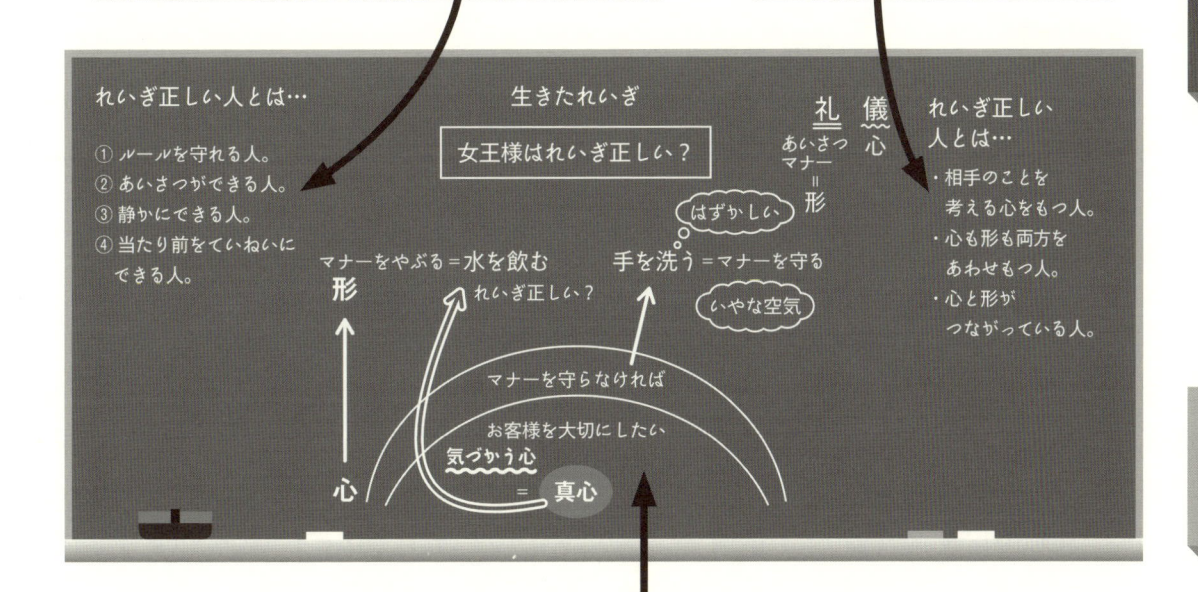

【黒板の内容】
- れいぎ正しい人とは…
  ① ルールを守れる人。
  ② あいさつができる人。
  ③ 静かにできる人。
  ④ 当たり前をていねいにできる人。
- 生きたれいぎ
  - 女王様はれいぎ正しい？
  - マナーをやぶる＝水を飲む　れいぎ正しい？
  - 手を洗う＝マナーを守る
  - はずかしい
  - いやな空気
  - 形 ↑ 心
  - マナーを守らなければ
  - お客様を大切にしたい
  - 気づかう心＝真心
- 礼儀　あいさつ　マナー＝形　心
- れいぎ正しい人とは…
  ・相手のことを考える心をもつ人。
  ・心も形も両方をあわせもつ人。
  ・心と形がつながっている人。

> ❷行為（水を飲む・手を洗う）を黒板の上部に書き，大本（おおもと）の心を下部に書いた。

■まとめ

　子どもたちの発言は，行為と心が混同していることが多い。よって，どのような心から行為に至ったかがわかるように矢印で結び，行為と大本（おおもと）の心の結びつきが礼儀につながることに気づけるようにした。

ワンポイントアドバイス！

礼儀は型である。これには「こうすべき」という「模範解答」がある。これを守らないと礼儀知らず，マナー違反ということになる。女王はその型を破っている。女王は礼儀正しくないかどうか。別の観点での価値観が必要となってくる。

実践Ⅱ　生きたれいぎ

5 子どもの反応

【道徳ノート】

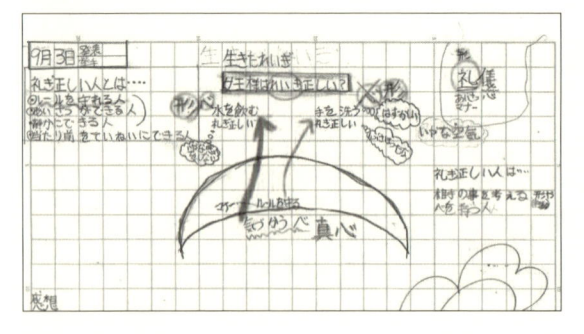

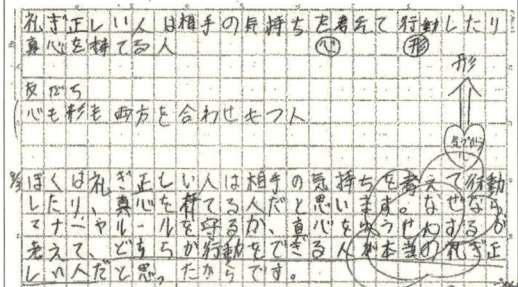

【授業の感想】

> 「女王様は礼儀正しいか」
> ・礼ぎ正しい。なぜなら、おきゃくさまのことをだいいちに考えているから。
> ・礼ぎ正しいと礼ぎ正しくないの中間。おきゃく様のことを考えて水を飲んだけれど、マナーはやぶっているから。

> 「礼儀正しい人はどのような人か」
> ・相手の気持ちを考えて行動し、真心をもてる人。
> ・相手のことを考える形や心をもつ人。
> ・心も形も両方を合わせもつ人。
> ・相手を気づかう心がある人。
> ・相手に対して真心がある人。

特徴的な場面

子どもたちは、授業の導入では、「礼儀正しい人＝ルールを守る人」という意識だった。

しかし、資料では女王はルール（正確にはマナー）を守っていない。この大きなズレを具体的に問い返すことで、上記のような意識が生まれたと考えられる。

ここでひと言！

岡田教諭は、女王は礼儀正しいか否かというテーマで子どもたちに考えさせ、礼儀正しいということはどういうことかを子どもたちの言葉でまとめている。当然のことながら、礼儀正しいか否かを考えさせることは手段に過ぎない。

『礼儀というものは、なんとなく知っているつもりだったけど、女王のしたことはどう解釈したらいいかわからなくなった。確かに礼儀正しくはないけれど、人としては魅力的だ』。そのズレを子どもの思考に寄り添って埋めていくのである。

6 授業後の子どもの変容

授業後，ノートに右のようなことを書いた子どもがいた。

授業中に礼儀の意味がわかり，心が動いた結果，「わたしにも何かできないかな」という意欲がわいてきたのだと考える。本実践は本校教育実習期間の9月に行ったが，その後実習生に対する子どもたちの姿も，相手への敬意を意識したものへと変わっていった。

> わたしは今まで，礼ぎ正しい人＝マナーを守れる人だと思っていたけれど，今回のじゅぎょうで，自分の立場にかぎらず相手のことを考えられる人のことだと思いました。礼ぎ正しい人は思いやりがあって，それがマナーにつながるのだと思います。でも，マナーを守っていないから相手のことを考えていないわけではなく，相手を見ているから思いやりなんだと思いました。わたしも何かできないかなと思いました。

7 授業をふり返って

授業中，子どもたちから「礼儀は思いやりに近い」という意見が出た。確かに，相手を思う心から行為が派生しているのであれば，礼儀を含めたすべての道徳的行為のもととなるのは，相手を心から思う，思いやりの心なのだろう。人間のよさを便宜的に切り離して整理したものが内容項目であるため，礼儀について考えると自ずと他の内容項目との関係も見えてくる。関係が見えてくると，以前行った道徳の授業との関連や，普段の自分たちの活動との関連がよりはっきりと見えてくる。

道徳の時間がスタートラインとなり，子どもたちは日常の中で自分の生き方を自分なりに見つめ始めるのである。

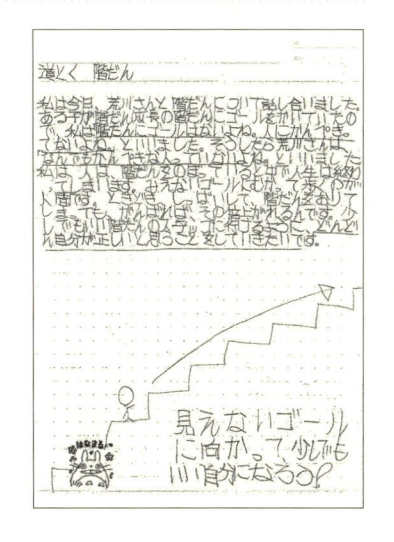

この授業のポイント！

最終的に子どもたちが「礼儀正しい人とは，型に心を入れられる人」，「礼儀の意味を考えてそれを相手に応じた態度に表せる人」というところに行き着くのが目的である。それが礼儀の道徳的な解釈であり，「生きた」礼儀とされる意味である。

礼儀が先にありきではない。礼儀とは，人々が円滑に社会生活を行う上で必要なこと，大切にしたいことを集約し，約束事として型に落とし込んだものである。大本（おおもと）の心をないがしろにしては語れない。

中学年　主題名　親の心

お母さんのせいきゅう書

1 主題を通して考えたいこと

　「親の心子知らず」ということわざがある。子どもたちには，親の心は理解しにくい。自分の子がうまれ，親となってはじめて本当に親の慈しみの心（愛情の深さ）がわかる。それほどに家族愛を理解することは難しいが，うんでもらった感謝から自分の心のどこかに，孝ずる心があることに気づかせたい。そして，その心のやりとりが，子どもたちのふだんの生活の中で，当たり前にある家族愛のすばらしさであることを考え，家族とはどれほど大切な存在であるかという考えを自分の言葉でまとめさせたい。

2 内容項目について

> [家族愛，家庭生活の充実]
> [第3学年及び第4学年]　父母，祖父母を敬愛し，家族みんなで協力し合って楽しい家庭をつくること。

　子どもたちにとって，家族愛は気づきにくい。自分にとって，かけがえのない存在であることを感じ取っていても，敬愛する心情まで感じ取ることは難しい。日常生活の中でみえにくい家族愛を感じ取るため，入園・入学等の節目ごとに，喜んでくれる家族の姿を知り，家族が慈しみの心をもって，自分の成長を見守ってくれる存在であることを認識させたい。これを通して，家族に対する敬愛の念が深くなると，家族の一員として，協力し合おうという孝の心が生まれる。それが楽しい家庭をつくるために大切なことだということを自覚させたい。

3 資料について

あらすじ

　ブラッドレーは母親に手伝い等の支払いを求めたせいきゅう書を渡す。それを見た母親は笑顔でその場をやり過ごす。お昼になり，母親は代金とせいきゅう書を渡す。そこには，今まで育ててきたことを無償と記してあった。ブラッドレーの目は涙で一杯になり，母親へ返金し謝罪する。

資料をどう読むか

　動揺もせず笑顔で対する母親の姿に注目させたい。これこそが慈しみの心である。母の愛情の深さ，ブラッドレーの気づき，親子の深い絆を考えさせ，心が寄り添う「家族愛」の姿を感じ取らせたい。

実践Ⅰ >>> **お母さんのせいきゅう書**

私はこう授業した　東京学芸大学附属竹早小学校教諭 ● **竹井 秀文**

本時の授業Point　ブラッドレーの涙の意味は!?

● 最も大切なのは「ブラッドレーの心の変容」である。ブラッドレーの笑顔から泣き顔への変容を問うことで母親の深い愛情に気づき，行動を悔い改め，母親への孝ずる心を感じ取っていく。人間の涙とはそれほどに意味があり，感情をストレートに表現する。涙（泣き顔）の意味を問うこと。そこには，深い家族愛を考えるポイントがつまっている。

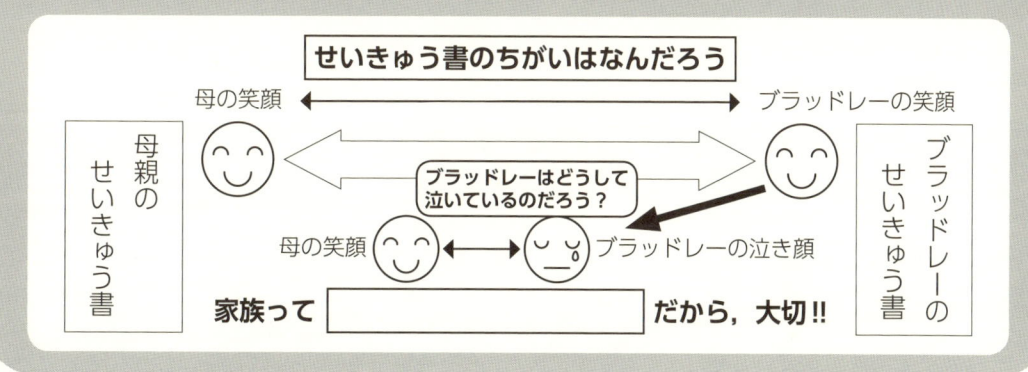

```
         せいきゅう書のちがいはなんだろう
     母の笑顔 ←――――――――――→ ブラッドレーの笑顔
  ┌─┐  ☺         ブラッドレーはどうして      ☺  ┌─┐
  │母│                泣いているのだろう？         │ブ│
  │親│                                             │ラ│
  │の│     母の笑顔 ☺ ←→ ☹ ブラッドレーの泣き顔 │ッ│
  │せ│                                             │ド│
  │い│                                             │レ│
  │き│     家族って ┌――――――┐ だから，大切!!  │ー│
  │ゅ│             └――――――┘                  │の│
  │う│                                             │せ│
  │書│                                             │い│
  └─┘                                             │き│
                                                    │ゅ│
                                                    │う│
                                                    │書│
                                                    └─┘
```

1　授業の展開

導入
○家族はどういうものですか。
・好きなときもあれば嫌いなときもある。行ったり来たりしている。
・親が何を考えているかわからない。親の心って，わからない。

展開
○お母さんのせいきゅう書は，どうして0セントなの。
・自分が生んだ子だから，大切に思っているのだと思う。
○ブラッドレーは笑顔から泣き顔になった。どうして泣いたのかな。
・お母さんのブラッドレーを大好きな気持ちに気づいた。お母さんの愛情に気がついた。

終末
○親の心ってすごいね。
・親と子は互いに思いやって，ずっとつながっていく。
○家族ってすごいね。「家族って○○だから，大切」の○○を書こう。
・助け合い，しあわせになる人たち。　　・愛がいっぱいある。

実践Ⅰ　お母さんのせいきゅう書

2 板書講座

「家族とは何か」をテーマに考えた後,せいきゅう書の比較を通して,本時の学びを見取ることができる。

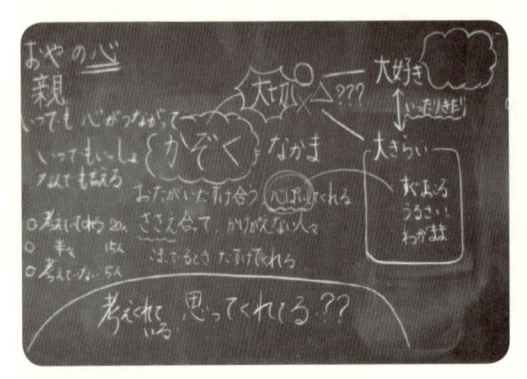

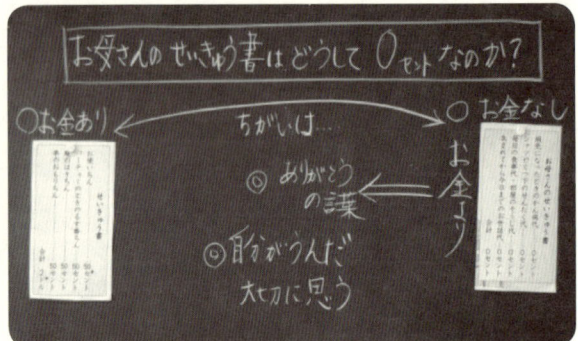

■二時間連続で考えを深める。

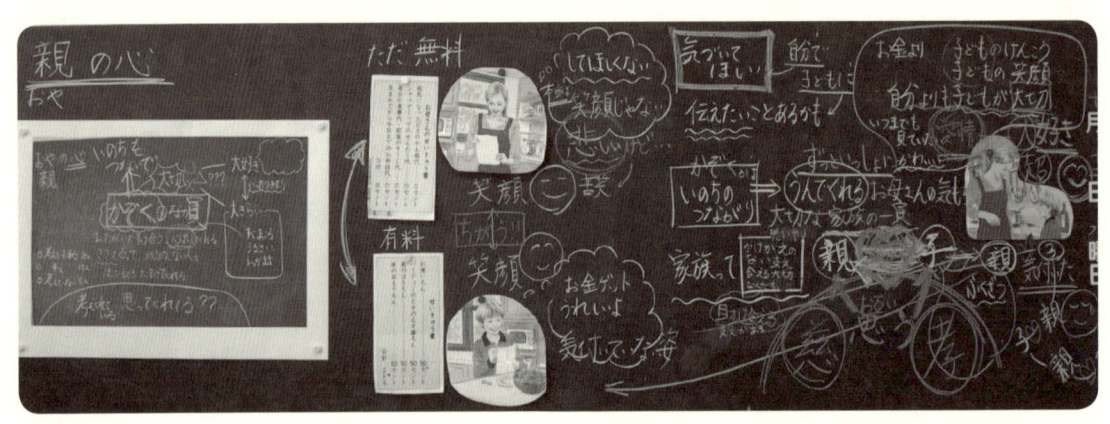

■本授業のポイントは,「板書の中に板書があること」である。二時間連続で考え続けたことが意識化され,それをもとに話を進めることができる。

3 子どもの反応

> 私が思ったことは、ブラッドレーは、お母さんの気持ちに気づけたのでよかった。家族のために働くことは当たり前です。それは、家族を大切に思っているからです。私は、母の日や誕生日はとくにお手伝いをします。けれど、ふだんはあまりできません。なので、自分のことは自分でできるようにして、家族の一員として、家のことを何かやっていこうと強く思いました。

■保護者からの反応

> 家族とは、お互いに大切な存在で支え合い、励まし合い、いっしょに喜び笑う運命共同体です。辛いことがあっても、家族だからこそ乗り越えられる力があると思います。当たり前のような存在だけど、深い絆で結ばれているのが家族だと思います。

二時間続きだからこそ、家族についての考えが深まっていったことがわかる。家族の自分に対する慈しみの心を感じる言葉が多い。そして、自分の孝の心を響かせている。

この実践を終えて、保護者より右のようなコメントをいただいた。

保護者も子どもたちといっしょになって考えたことがわかる。授業では「親の心」がわからないとあった。その問いをもって道徳の授業と家庭を行き返りした。そして、親の心を感じたとき、家族への感謝、敬愛の念を知り、自分も家族のために何かできることはないかという「孝の心」を理解することに至ったのではないだろうか。

問い返しの引き出し

○お母さんのせいきゅう書はどうしてただなのかな。親だからただなのかな。
○お母さんは、ブラッドレーからお金をもらいたいのかな。
○お金を返したから、もう泣く必要はないよね。
○お金だけの問題かな。

まとめ

子どもが生まれてから最初に出会う集団は「家族」である。「どうして親は子を大切に思うのか」。当たり前すぎて言葉で表現することの難しさを感じた。私も一人の親として、もう一度、子どもとの接し方を考えたいと思った。この時期の子どもたちに、親と子との関係は「慈と孝」であることをしっかりと学ばせることは意義深い。「親の心子知らず」ではなく「親の心子感じ取る」を目標に実践を続けていきたい。

第2章 実践編

中学年

実践Ⅰ お母さんのせいきゅう書

実践Ⅱ >>> お母さんのせいきゅう書　　　神奈川県横須賀市立武山小学校●水野　哲弥

本時の授業Point 「ブラッドレーはなぜ泣いたのか」発問と問い返しの工夫

- 希望どおりにお金がもらえたのにどうして泣いたの？
- お母さんが伝えたかったのは「私は毎日無料で働いている」ってことなの？

●本時では、「ブラッドレーはなぜ泣いたのか」を考えることでねらいにせまりたい。それを子どもが考えたくなるような、深めたくなるような思考の流れに沿った問いかけにすることがポイントである。

📖 資料をどのように読んだか

　ブラッドレーもお母さんも「働いた」、「請求書を渡す」という目に見える行為は同じであるが、その行為に込められた心が異なる。

　ブラッドレーの書いた請求書からは「働いたからお金をください」という意図が見える。ブラッドレーの「働く」に込められた思いは、お金（自分の利益）のためだといえる。それに対してお母さんの書いた請求書は０セント。これが意図しているのは、お母さんの「働く」には子どもへの愛情が込められていて、子どもの健康、成長、幸せを願う心から行っているということである。

　そんなお母さんの「子どもの幸せを願う心」、「無償の愛」を理解したブラッドレーは、その思いに感動し、自己の利益しか考えていなかった自分を反省しただろう。そして、母の心に対する尊敬と喜び、そして感謝が涙となったのだと考える。

　本時の授業では、「ブラッドレーはなぜ泣いたのか」を考え、お母さんの「子どもの幸せを願う心」を理解させることがねらいとなる。

　まず、ブラッドレーが請求書を書いた目的を明確にし、①「希望どおりにお金がもらえたのにどうして泣いたの？」と問いかける。しかし、子どもは「お母さんは無料で働いているのに、僕だけもらおうとしてごめんなさい」と、浅い理解になりやすい。そこで、②「お母さんが伝えたかったのは『私は毎日無料で働いている』ってことなの？」と、子どもの考えをふまえ問い返す。すると子どもはさらに考える。その考えをひろい、③「では、お母さんはどんな心で働いているの？」と理解を深め、子どもの考えに沿うねらいにせまることができる。

　さらに、④「この心で生活を支えてくれているのはお母さんだけなのかな？」、⑤「今日までのお世話ってどんなことがある？」などと問いかければ、子どもたちは自分の経験を語り出すだろう。そして、自分の家族にも「子ども（孫）の幸せを願う心」があること、自分がその心によっていつも支えられていることを自覚したとき、自分も家族のために「何かしたい」という意欲が高まる授業になると考える。

1 全体的な流れ

第一時 導入 道徳の時間
○『母の仕事』(光文書院『ゆたかな心』4年)の資料をもとに,「働く」やりがいや喜びを感じる心があることを理解する。
○自分の家族にインタビューをしようという意欲をもつ。

調べ活動 日常生活
○「働く」やりがいや喜びを感じる心について家族にインタビューし,自分の感想をまとめる。

第二時 本時 道徳の時間
○『お母さんのせいきゅう書』から,「子どもの幸せを願う心」について理解する。
○事前のインタビューから,自分の家族にも「子どもの幸せを願う心」があることを理解する。自分が家族のために「何かしたい」と思うことを考え,実行していこうとする。

第三時 事後 特別活動
○心の高まりから,道徳の時間に学んだことや,自分も家族のために「何かしたい」という感謝の気持ちを手紙に書き,家族に渡す。

2 本時の展開

■ねらい
◎父母を敬愛し,家族みんなで楽しい家庭をつくろうとする。
 ＊お母さんの「子どもの幸せを願う心」に気づき,心が動く。
 ＊自分も家族の「子どもの幸せを願う心」に支えられて生活していることを自覚する。
 ＊家族のために自分にできることを実践していこうとする。

学習	手立て
○資料を読み,「ブラッドレーはなぜ泣いたのか」を考える。	●ブラッドレーが請求書を渡した理由を問い,お金が欲しいという思いがあったことをおさえる。
主発問：ブラッドレーは希望どおりにお金がもらえたのにどうして泣いたの？	
○自分の家族について考える。 ○家族のためにできることを考える。	●子どもの思考が金銭や反省にとどまっている場合,お母さんが請求書を通して伝えたかったことは何か考えさせる。 ●お母さんが「子どもの幸せを願う心」をもっていること,それがわかったから涙したことを理解させる。 ●「子どもの幸せを願う心」はお母さんだけでなく,家族みんながもっていることを理解させる。 ●家族のために自分が「したい」と思うことを考え,実行していこうとする意欲をもたせる。

実践Ⅱ　お母さんのせいきゅう書

3 ここで子どもが変わった

> 主発問：ブラッドレーは希望どおりにお金がもらえたのにどうして泣いたの？

「ブラッドレーは希望どおりにお金がもらえたのにどうして泣いたの？」，「願いがかなって笑顔になるんじゃないの？」という問いに対して，「ぼくだけお金がほしいって言ったことが申し訳ない」という反省の涙だという考えが，子どもたちの大半を占めた。そこで，さらに考えを深めるために問い返しをした。

コマ1：
- ブラッドレーは願いがかなったはずなのにどうして泣いているのだろう？
- お母さんは働いてもお金がもらえないから。
- ぼくだけもらうのはおかしい！
- お母さんの方が大変な仕事をしている。

コマ2：
- なるほど。お母さんはもらっていないのに，ぼくだけお金がほしいって言ったことが申し訳ないんだね。
- そう思う。
- そう！
- うん。
- じゃあ，お母さんは，この請求書で「私の方が毎日大変なのよ。それでもお金もらっていないよ」って伝えたかったんだ！
- う～ん。そうかな。

コマ3：
- お母さんはお金がほしいわけじゃないと思う。
- そう。何かがほしくてやっているんじゃないと思う。
- ブラッドレーのためにやっている。
- お母さんの「ブラッドレーのことを大切に思う気持ち」がブラッドレーにも伝わったんだ！

4 板書

❷「お母さんは『私の方が毎日大変なのよ。それでもお金もらってないのよ』って伝えたかったのかな?」という問い返しからお母さんの思いを考え、「子どもの幸せを願う心」というキーワードでまとめた。

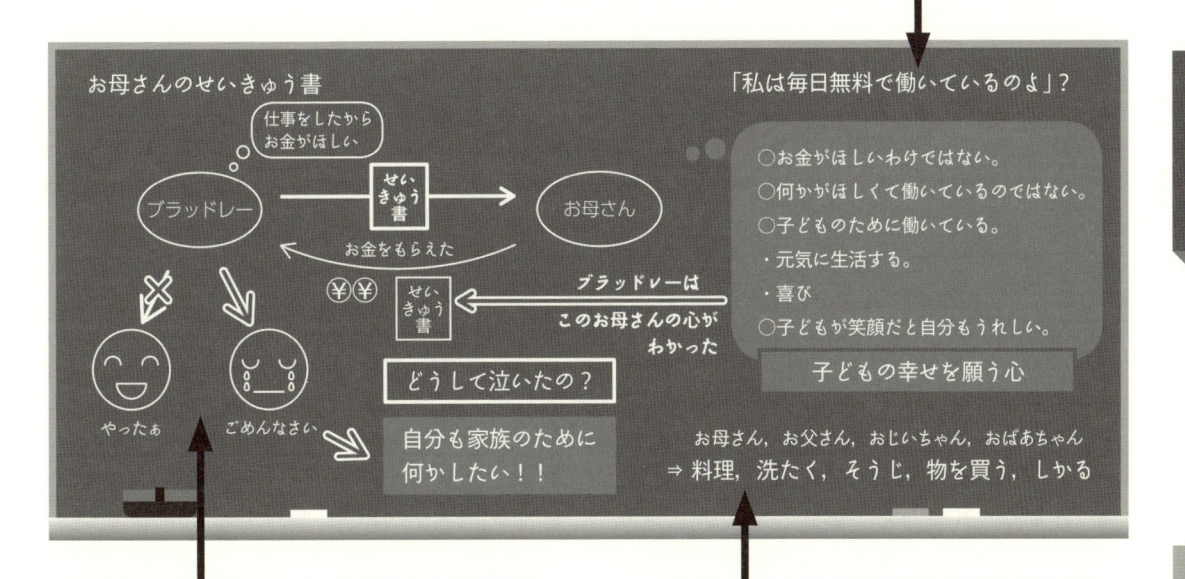

```
お母さんのせいきゅう書                    「私は毎日無料で働いているのよ」?

   仕事をしたから
   お金がほしい
                せい
   ブラッドレー → きゅう → お母さん      ○お金がほしいわけではない。
                 書                     ○何かがほしくて働いているのではない。
              お金をもらえた            ○子どものために働いている。
                                        ・元気に生活する。
        ¥¥    せい    ブラッドレーは    ・喜び
              きゅう  このお母さんの心が ○子どもが笑顔だと自分もうれしい。
    ☺  ☹     書     わかった
                                           子どもの幸せを願う心
   やったぁ ごめんなさい どうして泣いたの?
                                        お母さん,お父さん,おじいちゃん,おばあちゃん
              自分も家族のために         ⇒ 料理,洗たく,そうじ,物を買う,しかる
              何かしたい!!
```

❶「ブラッドレーが、お母さんの請求書に込められた思いを知って、涙を流した」という資料の流れを、矢印を使ってまとめた。どうして泣いたの?という主発問を書き、考える時間をとった。

❸「子どもの幸せを願う心」をもっている人、その心でやってくれていることを挙げ、最後に「自分も家族のために何かしたい」という、わいてきた今の思いを書き記した。

ワンポイントアドバイス!

　ブラッドレーとお母さんの請求書を対比的に掲示し、比べさせることがポイント。そうすることによって、違いは何かを考えさせることができる。その際に、表面的な違いから質的な違いの気づきに至ることができるような、問いかけの工夫が必要である。それを、本時では働くことの意味から考えさせ、最終的に『子どもの幸せを願う心』というキーワードに落とし込んだわけである。
　涙を流すブラッドレーの気持ちは、この理解なしには語ることはできない。

5 子どもの反応

【子どもの記述】

前回の勉強の後，家族にインタビューをすると，お父さんやお母さんは私たちが笑顔で生活できるように働いているとわかりました。それだけでもうれしくなりましたが，続けて今日の勉強をして，私の家族もブラッドレーのお母さんのように「私たちの幸せのために」っていう心があるんだと思ってもっとうれしくなりました。これからは学校や習い事をもっと頑張って家族を喜ばせたいです。

前の時間と今日のこの勉強をして，「めんどくさい」，「つらい」ではなく，喜びを感じて働ける人は，家での生活でも「子どもの幸せや家族の生活のために」という気持ちで働くことができるんじゃないかなと思いました。僕も家族が喜んでくれるように「ありがとう。お疲れ様」の気持ちで肩たたきなどをしようと思います。

特徴的な場面

本時では資料をもとに，子どもたちの思考の流れに沿って発問と問い返しを工夫することで，自分たちで考えて「子どもの幸せを願う心」というねらいに到達できた。

また，自分の家族にも「子どもの幸せを願う心」があるかという点では，事前に行ったインタビューが効果的であった。

前時，勤労について学習し，「働くことに喜びを感じる心」について調べたインタビューだったが，本時の内容を見据え「仕事がつらいときでもがんばれるのはなぜ？」という質問も意図的に追加しておいた。

それに対する，保護者の声や自分の感想も本時のねらいにせまる大きな手立てとなった。

ここでひと言！

水野教諭は，事前に働く喜びについてのインタビューを行っている。これは前時の勤労の授業に関連するものでもあるし，それが本時の児童の思考にもつながっているところがみそである。このような，子どもの思考に寄り添い，本時だけではなく，単元として意識的に継続した指導を行っていることで効果を上げている。

ただし，本時のねらいを押さえ，いかに勤労から家族愛に意識をシフトさせるかに留意する必要がある。

6 授業後の子どもの変容

　家族への感謝の思いが高まり、「その気持ちを伝える手紙を書きたい」と発言する子が出た。それをクラスの児童にも伝え、「自分の思いを手紙に書き、勤労感謝の日に渡そう」と計画した。

■授業後の「家族に手紙を渡そう」について

　家族への感謝の思いや家族のためにしてあげたいことは、それを書いたり伝えたりすることでより強くなり、実行につながると考える。今回、手紙を渡すことでほぼ全員の児童が家族の喜ぶ姿を見たり、喜びの声を聞いたりして、それを「うれしい」と感じる経験をした。頭で理解するだけでなく体験して実感することで、より理解と自覚が深まり道徳性を育てることができ、効果的な取り組みであったと感じている。

◎家族に手紙を渡した感想
・親が喜んでくれたし、自分の思いもしっかり伝わったからよかった。
・お父さんも、お母さんも喜んでくれたのでうれしかったです。これから、手紙に書いたようにしっかりとお手伝いをしようと思います。
・お母さんから、「こんなに親の思いも考えられるようになって、○○も大人になったね。」と言われてとてもうれしかったです。もっと「お母さん、ありがとう」と思いました。

7 授業をふり返って

■問い返しによって、子どもと授業をつくる

　「お母さんは子どものためにがんばって働いているから、みんなもお母さんのために何かしよう」という"行動"だけを見て"行動"を求める授業では、子どもの心の育ちは少ない。「言われたからやる」ではなく「そうしたい。そうやって生きていきたい」という心を育てるには、子どもたち自身が、行動を生んだ心を理解する必要がある。

　授業前に、予想される子どもの反応をイメージし、「こんな問い返しをしよう」と考えておくことも大切である。しかし、自分の予想を超える発言や考えが出されることもある。そのようなときでも子どもの言葉に耳を傾け、意図を理解し、適切に問い返していきたい。そして発言や考えを生かし、子どもといっしょにつくっていく授業を心がけたい。

この授業のポイント!

　家族愛は「諸刃の剣」である。あまりに身近すぎて照れくさかったり、リアルタイムに生臭い感情がわき起こったりする。理想の家族像と自分の家族とを比べさせても、「どうせ自分は……」となり、逆効果になる場合もある。

　タイミングも重要。本時のように、勤労感謝の日とリンクさせるなど、日常生活を意識した取り組みを展開するのは、よい試みである。

中学年 主題名　一人の命の大切さ

五百人からもらった命

1 主題を通して考えたいこと

　専科の学級や飛び込みの学級，かなりの実践を重ねてきた授業であり，数多くのエピソードを生んできた資料の一つである。忘れられない光景がある。ある公立学校での飛び込み授業で，終盤にさしかかり「今日学んだことをもとにして『○○の命』の中に言葉を入れるとしたら，何と入れますか」と投げかけ，全員同時に声に出してもらった。すると，異口同音に「みんなの命！」と声高らかにハモったのだ。このときは驚いた。「一人の命はみんなのもの」であり，「みんなの支えがあってこその一つひとつの命」なのである。

2 内容項目について

```
[生命の尊さ]
[第3学年及び第4学年]　生命の尊さを知り，生命あるものを大切にすること。
```

　命は一つひとつが単独に存在しているのではなく，それぞれの命が支え合い，助け合って生きているのである。生命尊重の内容項目は，さまざまな分類ができるが，その中に生命の関係性がある。生命の連続性にもつながることであるが，一つひとつの命は，さまざまなつながりの中で成り立っている。例えば，血のつながり，食物から命をいただくということ，他人の生き方から生きる気力を与えてもらうこともある。このように考えると，よりよく生きようとする生命力は，自らの生きる力だけでなく，他者からの力添えも忘れることはできない。

3 資料について

あらすじ

　B型の血液を必要とする患者が，生死の境をさまよっていた。その危機を察知した周囲の人々が，自分ができることをして団結し，結果的にB型の血液の献血者がたくさん現れ，患者は一命を取り留める。

資料をどう読むか

　一見，B型の献血者が患者の命を救った美談として読まれてしまいがちである。しかし，本質はそこにはない。ポイントは，B型の献血者以外の関わり，支えである。それを観点として提示し，考えさせることで，生命のつながり，関係性についても考えさせることができる。

実践 I >>> **五百人からもらった命**

私はこう授業した
筑波大学附属小学校教諭● **加藤 宣行**

本時の授業 Point 患者を救ったのは誰なのか!?

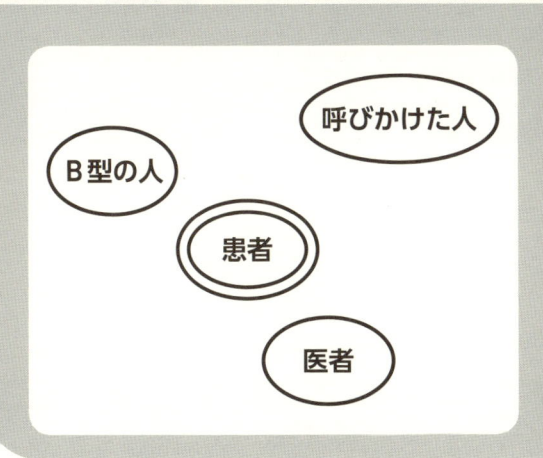

```
        呼びかけた人
  B型の人
      患者
         医者
```

●この患者さんの周りには，少なくとも3種類の「命を支える」存在がある。一つは献血できる人，二つは献血に協力できないけれどもできることをしている人，そして医者である。これらのつながりを観点別に示し，「○○のつながり」には，他にどんな人が考えられるかと投げかけ，子どもたち自身にウェビング形式で図を描いてもらう。

1 授業の展開

導入
○命はあげたりもらったりできますか？
・できない。

展開
○この患者さんはだれかから命をもらっているのですか？
・B型の血液型に合う人から献血をしてもらい，命が助かった。
○ということは，五百人というのは血液型がB型の人ということですね。
・それだけではない。お医者さんが助けてくれた。
○献血できない人は何も助けになっていませんか？
・なっている。テレビ局から呼びかけた人がいたおかげで助かった。
○ということは，血のつながりの他に何があったのかな。
・心のつながり。

終末
○では，そのつながりを考えたときに思い浮かぶ人を黒板に書いてみましょう。
・たくさんの人に囲まれて生きているんだな。
・自分もそういう支えになっているのかな。

実践 I 五百人からもらった命 107

2 板書講座

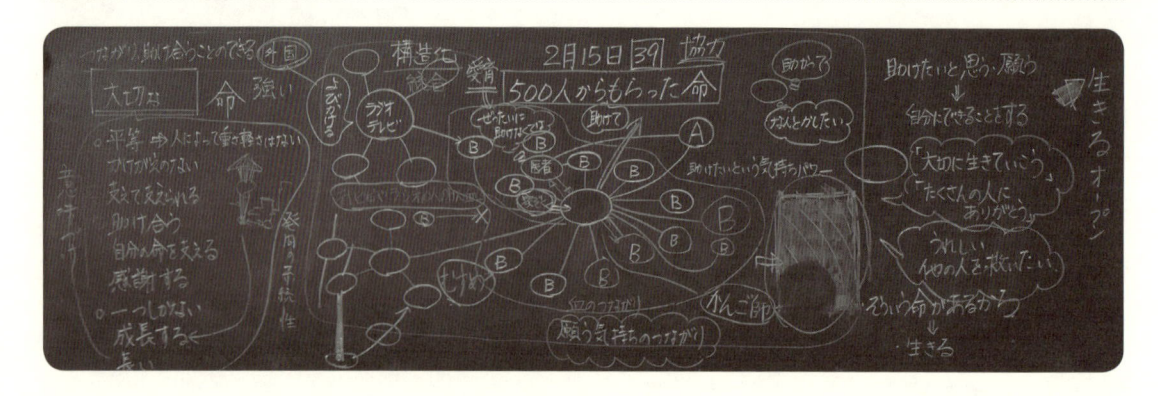

「○○の命」の中に，導入時と終末時に言葉を入れさせ，その変容から本時の学びを見取ることができる。

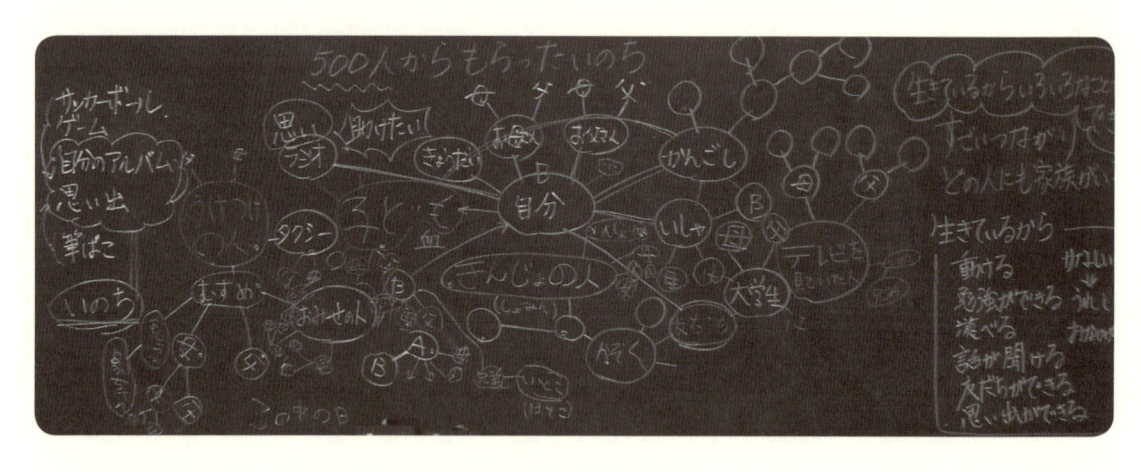

本授業のポイントは，「観点を決めて黒板に示し，あとは子どもたちに任せて広げる」という児童参加型の板書づくりにある。「自由にどうぞ」ではなく，子どもたちに観点を与えることが大切。

3 子どもの反応

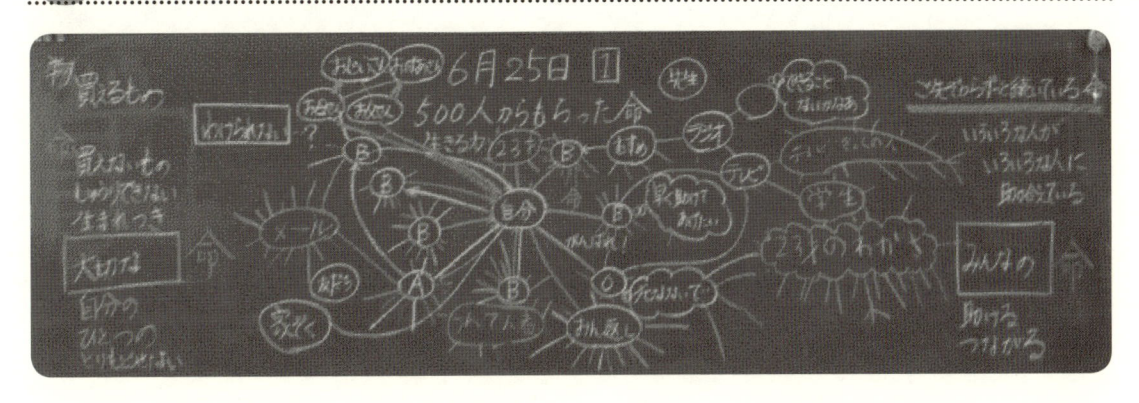

> 「だれに支えられてこの人は生きているのか」と聞かれ，先生は黒板に図を書きました。そのとき，この患者さんは世界中の人々に助けてもらって生きているのだと気づきました。そして親に感謝しました。

子どもたちが自分たちで書くからこそ，発見も自分たちのものとなり，納得し獲得するのである。すると自然に感謝の気持ちがわいてくる。このような感謝の気持ちは，外から強制的に感じさせる（言わせる）ことではない。

「先生，この黒板，私たちが作った大切な板書だから消さないで」。

これは，ある飛び込み授業をしたクラスの担任の先生に後から聞いた，子どもたちの言葉である。なんともうれしいニュースである。

このように，大切な学びをしたと思えば，子どもたちは自ら学びの主体となり，やれと言わなくても必要なことはやりはじめる。よいと思ったらすぐに行動に表す。これが子どものよいところである。大人も見習いたいものである。

問い返しの引き出し

○命をあげたりもらったり，貸したり借りたりできると思いますか。
○「五百人から……」という題ですが，本当は何人くらいだと思いますか。
○そのような命のつながりから見えてきたものを黒板に出て書きましょう。
○「患者」を「自分」に置き換えて，自分の命を支えるものを思いつくまま挙げていきましょう。

まとめ

命は見えない。実体験がますます希薄になる昨今のことである，実感する機会もあまりないだろう。だからこそ，道徳の授業でしっかりと考えさせ，みる目をもたせる必要がある。それと同時に，日常生活の中で命に触れる体験をさせることが望まれる。その合わせ技で「生命の尊さ」の授業は生きたものとなってくる。

実践Ⅰ 五百人からもらった命

実践Ⅱ >>> **五百人からもらった命**　　東京学芸大学附属竹早小学校●竹井　秀文

本時の授業Point　命のやりとりを多角的に考えさせる。

●「命」が大切であることは，誰もがわかっていることである。その大切な「命」のやりとりを多角的に考えさせることが，この実践の大きなポイントである。多角的に考えさせるとは，簡単に言えば，親や先祖からのつながりや人間社会の支え合いを理解させることである。
　よって，たくさんの人に支えられて生きているすばらしさ，祖父母，親から受け継がれて生きているありがたさを考えさせ，自分の「命」は自分だけのものではないことを実感し，これからの生き方へつなげていきたい。

📖 資料をどのように読んだか

　本資料のよさは，まず「五百人からもらった命」というタイトルである。具体的な「五百人」という数字だけでなく，「もらった命」という命のやりとりを問うことができる。「命はやりとりできるのか」という問いを子どもたちがもっていれば，この資料名だけで「どういうことだろうか」と考えながら読むことができる。

　改めてこの資料を読むと，同じ血液型である五百人が一人の命を救ったため，「五百人からもらった命」となっているが，一人の命，ひとつの命を救うために何百・何千・何万の人たちが心を動かし，今できることをしようと行動したことがわかる。

　そのような心と行動をうむもととは何か。人間のどのような心からうまれるのか。人はどうして，「命を助けたい，生きてほしい，何とかしたい」と思うのかを考えていくことが大切であり，本資料でさらに考えを深めていくことができる。

　子どもたちとじっくり考えたいことは，命が「支え合っている」ことである。それは，子どもたちが明るい未来に向かって生きていく原動力になるからである。

　次に，命の「かがやき」は，人間のつながりの中でうまれるものであることを理解させたい。よって，以下の二つの観点から，「命」を考えていきたい。

> **（1）命のつながり（連続性）**
> 　つながり（連続）の中で人は生きているのである。自分がいるのは親がいるから，親がいるのは祖父母がいるから。自分の命がつながりの中にあることを考えさせたい。
> **（2）支え合う命（関係性）**
> 　支え合い（関係）の中で人は生きているのである。一人で生きているわけではない。たくさんの人に支えられて生きていることを考えさせたい。

　つまり，自分の命は決して自分一人だけのものではなく，多くの人に支えられていることを理解させることがねらいである。

1 全体的な流れ

第一時 導入 学活の時間

「命について考えたい」。ある子が提案した。自分たちが飼育していた生き物が死んでしまったことが契機だった。子どもたちにとって「命」とはどのようなものなのか。「命」という広義な価値について、子どもたちの意見をもとに話し合い、右のような、考える視点をはっきりさせてから、本実践を展開することにした。

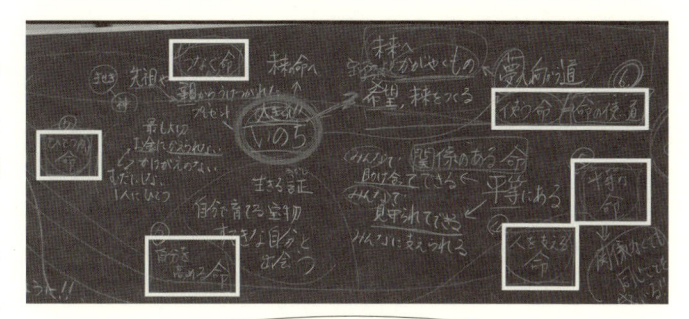

考える視点
- つなぐ命
- ひとつの命
- 自分を高める命
- 命の使い道
- 平等な命
- 人を支える命

2 本時の展開

■ ねらい

◎生命の尊さを感じ取り、生命あるものを大切にしようとする。
  * 他人の命であっても、それを救いたいと願う心はだれにでもあることに気づく。
  * 命は、多くの人に守られ、支えられていることを知り、大切にしていこうとする心をもつ。
  * 自他の命を大切にして生活しようとする。

■ 展開

学 習	手立て
○命のイメージを考える。 ・「□□な命」の□□の中に何を入れますか。	●「命」について自分の考えをもたせる。
主発問：患者の命を救うことができたのは、献血したB型の人だけだろうか？	
○「もらった命」とは何か考えながら、資料『五百人からもらった命』を読む。	●「命のやりとりはできるのか」という自分の問いをもつことができる。
○「もらった命」について考える。	●道徳ノートに自分の考えをまとめさせた後、ペア交流活動、グループ交流活動を位置づける。
○「命」についての新しい自分の考えをまとめる。	●話し合いをもとに自分の考えをまとめさせ、これまで「命」をどのように育んできたのか、これからどう生きるかを道徳ノートに書かせる。

3 ここで子どもが変わった

> 主発問：患者の命を救うことができたのは，献血したＢ型の人だけだろうか？

　今回のテーマは，「命のやりとりはできるのか」である。その答えは，もちろん「できない」であろう。ここでは，そのようなことを言っているのではなく，命が支えあっていることについて考えさせたい。

112

4 板書

■導入
「□な命」の□の中を考えさせることで，命の尊さを実感し，「命のやりとりができるのか」という問いにつながるのである。

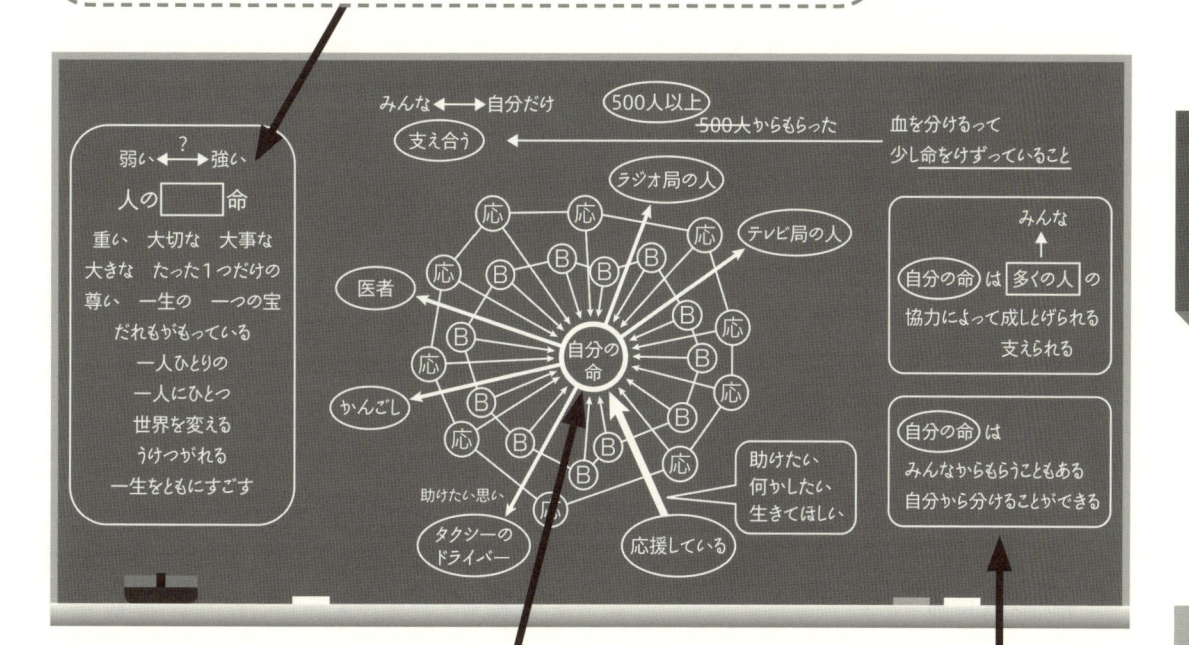

(板書図:
弱い→?→強い
人の□命
重い 大切な 大事な 大きな たった1つだけの 尊い 一生の 一つの宝 だれもがもっている 一人ひとりの 一人にひとつ 世界を変える うけつがれる 一生をともにすごす

みんな←→自分だけ
支え合う
500人以上
500人からもらった
血を分けるって少し命をけずっていること

ラジオ局の人 テレビ局の人 医者 かんごし タクシーのドライバー 応援している
助けたい 何かしたい 生きてほしい
助けたい思い
応B、自分の命

自分の命 は 多くの人 の協力によって成しとげられる 支えられる
みんな
自分の命 は みんなからもらうこともある 自分から分けることができる)

■展開
関係図などで板書を構造的にし，多くの人との関係を理解させる。さらに，中心円を「自分の命」とすることで考えを深めることができる。

■終末
自分の命について，自分の考えをまとめさせることが，授業のゴールであり，まとめであることを理解させて板書する。

ワンポイントアドバイス！

患者を中心に，支える人々をブレインストーミング的にどんどん書かせるのが第一のポイント。最初に資料から思いつくのが「B型の人」。ここで「患者さんの命を救ったのはB型の人だけですか」と問い返すところが第二のポイント。

様々な観点から，支える人々が見えてくればしめたもの。それらを「血のつながり」，「心のつながり」などとジャンル分けして観点を明示し，さらに広げていくと，子どもたち自身がつくった板書ができあがる。

実践Ⅱ 五百人からもらった命

5 子どもの反応

【子どもの記述】

学んだことを詩で表現した。

> 『とても大事ないのち』
> いのちとは
> たくさんの人に
> 愛情をもらい
> 支えられる
> 自分で命という
> とてもとうといものを
> 育て
> 未来をつくる
> そして ともにすごす

> 『いのち』
> いのちとは
> みんなで育ちながら
> 大切だと感じるもの
> 一人一人がもっていて
> みんなが大切だと
> 思うもの
> その命は
> だれもが
> 支えあってできる
> みんなの宝物

【保護者の記述】

> みんなに支えられて，今まで大切に守られてきました。とても幸せなことです。これから，大きくなっていくにつれ，他の人にも幸せを分けあっていけるといいですね。
>
> 命とは，たくさんの奇跡の中で生まれるとても尊いものです。
>
> お父さん，お母さん，おじいちゃん，おばあちゃん，ご先祖様から受け継いだ大切なもので決して粗末にしてはいけない。……なぜなら，自分も子どもへと引き継いでいくものだから。

特徴的な場面

- ○「命」についての子どもたちの問題意識とその内容について，学級で話し合い，「考えたいポイント」を洗い出した。
- ○「道徳ノート」に，文・図・絵・詩などの方法で書かせることで，表現力を鍛える。本実践では，詩の学習とリンクさせた。
- ○保護者も授業に参加してもらう。学級通信を読んでもらったり，道徳ノートにコメントを書いてもらったりして，日頃から参加しているという意識を高める。
- ○道徳の時間だけではなく，継続的に考えられるように課題を出す。今回のように「命」など難しい内容ほど子ども・親・教師で学び合うことができる。

ここでひと言！

「命は大切だ」と言うことができても，それが借り物の言葉であっては意味がない。子どもたちに気づきを促すためには，竹井教諭が行ったように，保護者から見た命の尊さや，教師の思う命について語り聞かせるチャンスを演出することが重要。

それによって，子どもたちは今まで知らなかった世界を知ることができ，視野が広がる。そして自ら得た言葉をもつようになる。その言葉で詩を書かせるのである。実感の伴った，説得力のある詩になることは間違いないだろう。

6 授業後の子どもの変容

本時の実践後に下記のような日記を見つけた。

> ぼくは、今まで「命」の大切さを考えてきたけど、次回は「命の使い道」を勉強したいです。その中でも、みんなで「これから、どう『命』を使って生活していくか」について考えたいです。

そこで『元気がいちばん』(光文書院『ゆたかな心』4年) という資料で「生きる力とは何か」という問いをもって実践を重ねた。本時で学んだ「命は多くの人に支えられていること」を生かして、「生きる力(命をどう使い生きていくのか、どのような力が必要か)」について考えた。

「生きる力」は、「自分がもっている力」であり、生きようとする思いがあってこそ、うまれるものだということを話し合いながら次のように整理した。

- ○全力で生きようとする力
- ○今の自分を動かす力
- ○未来をつくりだす力

- ・一日一日を懸命にすごす。
- ・自分の生きようとする力と気持ちを大切にする。
- ・今を元気よく生きる。
- ・そうすれば、みんなが笑顔になる。
- ・すべてに「ありがとう」と感謝する。

すると、命を大切にして生きるとはどのようなことか、子ども自ら考えるようになったのである。これが大きな変容である。生きているということはありがたいことである、という結論を全員が実感できた。

7 授業をふり返って

高学年の入門期でもある中学年の子どもたちにとって、「命」について主体的に考えさせることは、発達段階的にも意義深い。「命」を学ぶことで、自己肯定感が高まり、いじめなどの問題を予防することができると考える。

子どもたちの思考過程を予測して授業構想を立てることは難しいが、ともに過ごし、話し合いを重ねる中で見えてくるものがたくさんある。子どもたちの声を聴きながら授業を進められたことが、今回の実践で最もよかった点である。

課題は、「命」だけの授業を数時間も実践できないという時間的な余裕のなさである。「命」のような広義な価値こそ数時間扱いでの学びを進めるのが当然であり、必然である。さらに、「命」の何を学ばせたいのかという教師のビジョンの甘さや、教材研究不足も課題の一つである。

この授業のポイント!

命の大切さをどのように表現するか。本資料をもとにすれば、「自分だけのものではない」とか「つながる」などがキーワードになることであろう。

黒板の中心に書いた「患者」という文字を、最後に「自分」に書き換えて考えさせると、「ああ、自分もたくさんの人に支えられて生きている」と実感することができるだろう。

コラム

心情道徳は「共感」？ それとも「同情」？

　現在広く行われている「心情道徳」といわれるものは，子どもたちを資料の中の登場人物に「共感」させることを手法としています。

　ふだんの生活の中で，テレビを見て，登場人物に「共感」した子どもたちは，泣いたり，笑ったり，感動したりします。テレビを見終わった後は，その登場人物になりきって遊んだりします。自主的なロールプレイ，役割演技といったところでしょうか。しかし，それで子どもたちの道徳的な心情は育まれているのでしょうか。

　偉業を成し遂げた人の話を聞くと，私は「すごいな，あこがれるな」と思います。しかし，いざ現実に戻って考えてみると「自分とは違う世界のできごと」のように感じてしまいます。しかし，「この人はこんな考え方なんだ」と，その人物をまるごと理解していくとどうでしょう。

　心理学者のA・アドラーは，「共感」とは「相手の目で見，相手の耳で聞き，相手の心で感じること」と言っています。相手の立場になって考え，見ているものや聞いていることを理解する。それが，相手の心を知的に理解するということではないでしょうか。そして，相手のことを理解すればするほど，それが真の「共感」につながっていくのです。

　一方，相手の感情に巻き込まれてしまうことを「同情」といいます。ここで，今まで「共感」といっていたことが果たして本当に「共感」なのか，今一度考える必要があります。つまり，従来の授業は「共感」ではなく，「同情」であったかもしれないということです。そのため，登場人物の気持ちを問う発問だけでは不十分ではないかと考えるようになりました。

　真に「共感」させるためには，子どもたちに登場人物の生き方を理解させるための発問を考えなくてはなりません。私たちは，子どもの道徳性を育む新たな授業の形をつくり出していく必要があるのです。

　　　　　　　　　　　　　　　　　　　　　　　　　　　（鈴木）

第2章 実践編
高学年

『ミレーとルソー』	実践Ⅰ	P.118-121
	実践Ⅱ	P.122-127
『富士観測所をつくるために』	実践Ⅰ	P.128-131
	実践Ⅱ	P.132-137
『本屋のお姉さん』	実践Ⅰ	P.138-141
	実践Ⅱ	P.142-147
『最後のひと葉』	実践Ⅰ	P.148-151
	実践Ⅱ	P.152-157

高学年　主題名　ほんとうの友情

ミレーとルソー

1 主題を通して考えたいこと

　友達といってもさまざまな段階がある。初期段階の形式的なグループであったり、気が合う同士の仲よしグループであったり、ライバルのような存在であったり、もっと深いつながりで結ばれている親友であったり……。

　「ほんとうの友情」とは何を指すのか。当然のことながら、表面的な付き合いを良好にしているような人間関係ではないだろう。時には相手に対して言いたくないことを言ったり、うそをついたりすることもあるかもしれない。そのような友達だからこそ、お互いを尊敬し、高め合うことができる。

2 内容項目について

> [友情、信頼]
> [第5学年及び第6学年]　友達と互いに信頼し、学び合って友情を深め、異性についても理解しながら、人間関係を築いていくこと。

　「仲間」と「友達」の違いは何か。一般的に「仲間」は目的を一つにした集団のことであり、「友達」は気持ちを許した人間がつくる集団のことであろう。「仲間」の結束よりも真に強いのは、「友達」の中でも、本当に固い絆で結ばれている集団のつながりである。そのような集団は、相手が自分の思うとおりのことをしてくれなくても、相手を信じ、任せることができる。そのような「友達」は、「仲間」としても効果的に機能する。「仲間」を経て「友達」が深まることもあるだろうし、「友達」だからこそ構成できる質の高い「仲間」もあるだろう。

3 資料について

あらすじ

　ルソーとミレーは、作風は違うが、互いに認め合う画家である。絵が売れず、生活に困窮するミレーに、ルソーは「君の絵を欲しいと言う人がいる」と伝える。高値で絵が売れたことにし、実は自分が買っていたのだ。数年後、病に伏せるルソーを見舞ったミレーはそのことを初めて知り、涙する。

資料をどう読むか

　二人はよい友達である。では、よい仲間か。画家仲間であり、それ以上の絆で結ばれている。ルソーはミレーにうそをついているが、これをどう考えるか。友達なのに相手に隠しごとをしていると考えるか、友達だから……と考えるか。

実践Ⅰ >>> ミレーとルソー

私はこう授業した　　筑波大学附属小学校教諭●**加藤 宣行**

本時の授業Point
ミレーとルソーの友達としての質の高さを検証する。

●資料には，ルソーからミレーへの「友達としての行為・行動」しか描かれておらず，表面的には，読み取ることができない。ルソーはミレーに対して本当の友情を示しているが，ミレーはルソーに頼りきりのようにも見える。また，ルソーはミレーにうそをついている。これを図式化して考えさせる。

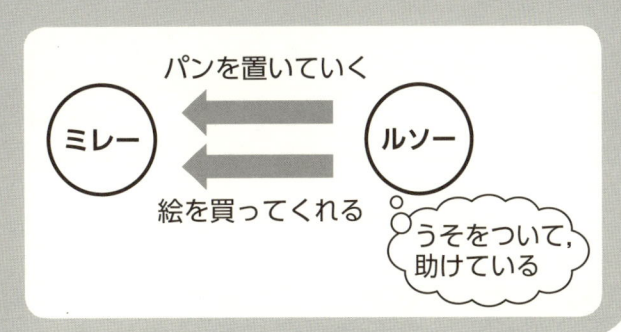

```
         パンを置いていく
ミレー  ←━━━━━━━━  ルソー
         絵を買ってくれる    （うそをついて，
                              助けている）
```

1 授業の展開

導入
○**友達だからできることって何ですか。**
・協力し合える。　・心配し合える。　・信じ合える。

展開
○**ミレーとルソーはよい友達ですか。**
・うん，よい友達。　・友達だから，やさしい心を使っている。
○**でも，ルソーはうそをついているよ。**
みなさんが最初に言った「信じ合える」ができていないのでは？
・相手のことを思った，やさしいうそ。
○**なるほど。ということは，ルソーがしたことは，お金持ちが困っている人に名前を伏せて寄付をするのと同じですね。**
（一瞬のどよめき，沈黙。）
・いや，違うと思う。ルソーは，相手がミレーだからこそできたのだと思う。
・確かに，お金持ちでもできるけれど，ルソーは自然にやったのだと思う。

終末
○**友達だからできることって何だろう。**
・「何かをしてあげる」ではなく，相手のことを思って自然に体が動く。

実践Ⅰ　ミレーとルソー

2 板書講座

■「友達だから……」で考えさせる。
・友達観の漠然としたとらえをおさえ、その意識の変容を本時のねらいとする。

■黒板に出て考えさせる。
・構造的に図式化した板書に書かせることで、理解の深化を促す。

■別の学級の実践
・この時は、「土台がある」からこそ、友達としての質の高いやり取りが可能だったという意見が出された。友達というのは、初めからあるものではなく、お互いの努力の中から積み上げていくものだということがわかった。

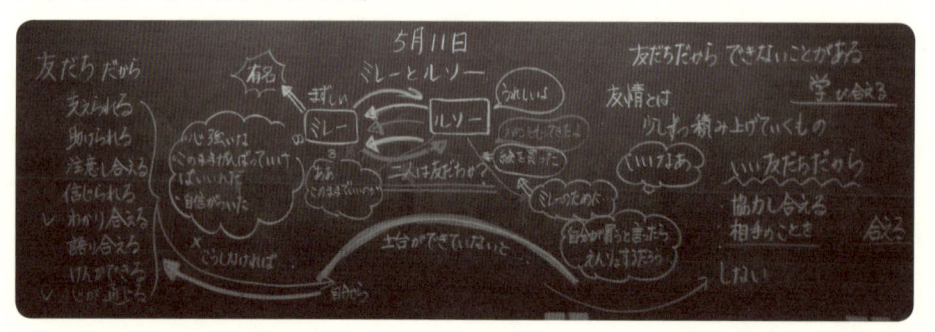

3 子どもの反応

> 私は今まで「仲よくしよう」「心からの親友」という言葉を道徳で学んできました。でも、一番大切なことがぬけていたと思い、はっとしました。それは、わざとらしく親切にするのではなく、誰のためでもなく、本能的にさりげなく友達を気づかうということです。
> 今回の話を読んで、「ミレーとルソーはさりげなくお互いを気づかえることができて、すてきだな」と思いました。物をあげて解決！　ではなく、本当に心をつかってあげられる関係を親友というのだと思いました。
> （E子）

子どもたちは1時間の中でここまで深く考え、自分の言葉でまとめているのかと、改めて驚かされることがある。左の道徳ノートもそうである。授業後にまとめたものであろうか。授業中には取り上げることのできなかったE子さんのこの考えは、別のクラスで行った際に出た「自然にできた」という意見にもつながる。子どもたちは本能的に本質をかぎ分けるのかなと感じたできごとであった。

問い返しの引き出し

○友達なのに、こんな大きなうそをついてよいのですか？
○ルソーは確かに友達としていろいろしているけれど、ミレーは何もしていないのでは？
○友達は助け合うというけれど、ミレーとルソーは助け合っているのですか？
○ミレーとルソーの友達としてよいなと思うところはどこですか？

まとめ

ミレーとルソーは表面的なつながりではなく、もっと深い部分でお互いを認め合い、尊重し合っているからこそ、このようなことができたのだということがわかった。だからこそ、「自然に」「さりげなく」できたのである。相手のプライドを傷つけず、最大限の称賛と応援の心を形にしたものが、ルソーの行動だったのだ。そのようなことをルソーになさしめたのもミレーの友としての質の高さ故であろう。

先日、ミレー展に行ってきた。何ともいえない深みと落ち着き、そして対象に対する深い愛情ともいえるような慈しみの心、それらが画風に凝縮されているようだった。やはり、ルソーが尊敬し、認めた画家だけはあるなと思った。

実践Ⅱ　>>> ミレーとルソー

埼玉県和光市立広沢小学校●古見　豪基

本時の授業Point
ミレーとルソーの友としての成熟度を考えさせる。

- 「ミレーとルソーの友達としてつながっているもと」の部分を考えさせるところがポイントである。それには，どうしてルソーがそこまでミレーに親切にできるのかを問う必要がある。
- ルソーがミレーの生活を支援し続け，さらにルソーがミレーの絵をこっそり買い取ったのは，単に困窮したミレーの生活に同情したからではないと考えられる。その場面を二人の友情観を深めて考えるポイントとすることで，友達との関係にはどのような心が大切かを考えていきたい。

📖 資料をどのように読んだか

　ミレーとルソーのようなつながりは，子どもたちの生活の中では，なかなかないだろう。しかし，高学年の子どもは，「相手の立場や友達を理解し，互いに信頼し合って高め合う」という友情観のすばらしさを学ぶ必要がある。なぜなら，学校生活の中でも，協力して学級で活動に取り組んだり，自分たちの実力以上のことに挑戦したりするからである。

　「立場も地位も名誉もちがうミレーとルソーが，なぜ友達としてつながっているのか」。「なぜルソーは，絵が売れず生活に困窮したミレーに支援をし続けることができたのか」。さらに，「ルソーはなぜ，ミレーに気づかれないように絵を高値で購入したのか」。これらの疑問を本時のポイントとして考えていきたい。

　ルソーの気持ちとしては，確かに「ミレーのプライドを傷つけないように気遣っている」，「自信をつけてほしい」，「さらにがんばってほしい」などが考えられる。しかし，それでは深い部分での二人のつながりとしては浅いと考えられる。

　①ルソーは，ミレーの画家としての才能を評価している。②ルソーは，困窮しても，あきらめずに強い心をもって努力しているミレーを尊敬している。③二人は，バルビゾンの画家として同じ目標をもった同志である。

　この三つのもとの心がルソーを支えていると捉えた。また，このような心はルソーだけではなくミレーにもある。ミレーにとってのルソーは，ミレーの才能を認めた世界一のファンであり，応援してくれる友なのである。大きな思いやりの心で包み込んでくれたルソーの愛情に対して，ミレーは感謝の心が溢れ，涙が止まらなかったのだと考えられる。

　このように，二人のもとの心がつながっていることで，立場や環境が異なっていても，お互い信頼し助け合って，さらに高め合える友達としてあり続けられるのだと考えられる。

1 全体的な流れ

第一時　導入　学活の時間
「友達だから〜できる」の「〜」部分を考えさせ，事前に子どもが考える道徳的価値について書かせることで確認する。
「範読」→資料を読んでテーマを探し，話し合いたいことをまとめ，共有する。

第二時　本時　道徳の時間
相手の立場や気持ちを理解し，互いに信頼し合い，高め合うことが本当の友情であることを知り，友情を深めていこうとする。

第三時　道徳の授業後の展開　市内サッカー大会
サッカーを得意とする子が得意ではない子に対して，ともに意識を高めて練習をしてきた。失敗しても怒ることなく，常にチームの状態をふり返って，次の試合に臨むという姿勢を見ることができた。

2 本時の展開

■ねらい
◎相手の立場や気持ちを理解し，互いに信頼し高め合うことが本当の友情であることを知り，友情を深めていこうとする。

* 仲がよいという友達関係だけでなく，相手の立場や思いを理解し，相手のために自分ができることを考え行動するという友情のあり方を知り，その思いに感動する。
* 相手の立場や心情を理解し，互いに協力し尊敬し合える関係が築けたとき，信頼関係が成り立つことがわかる。
* 自分の心の中にも，本当の友情を求める心があることに気づく。
* お互いを認め合い，信頼し合える友達をつくっていこうとする。

■展開

学　習	手立て
主発問：ルソーがミレーを思うもとの部分とは何でしょうか？	
○なぜルソーは，ミレーに黙って絵を買ったのかを考える。 ○ルソーとミレーの友達関係は対等なのかを考えさせる。 ○思いやりはルソーにかたよっていないかを考えさせる。 ○なぜルソーはミレーにこんなに尽くすことができるのかを考える。	●表面的な価値から二人をつなぐ心の原動力であるもとの心を考えられるように構造的に板書していく。 ●表面的な価値：「がんばってほしい」「応援したい」「助けてあげたい」など。 ●もとの心：「努力・才能を認めている」「同じ目標をもった仲間である」「尊敬している」など。

3 ここで子どもが変わった

主発問：ルソーがミレーを思うもとの部分とは何でしょうか？

～してあげる・相手を傷つけたくない（対等な関係ではない）
↓
同じ苦労をし，同じ目標をもって高め合ってきた（対等な関係）
↓
切磋琢磨できる関係

今日は，「友情」について考えてみましょう。

資料を読んで…

ミレーとルソーは対等な友達なのでしょうか？

してもらっているばかりだから対等ではないと思います。

でも，相手が困っていたり，病気だったりしたら，助けるのが友達だよね？

友達を助けるというのはあるよね。

でも，どうしてだまって絵を買ってあげるのかな？

ミレーの画家としてのプライドを傷つけたくないからだと思う。

友達としてチャンスをあげたかった。「がんばって！」って。

んっ！

心の深いところからミレーの気持ちがわかるんだよ。ルソーも同じような苦労をしてきたんだと思う。

ルソーとミレーは同じ目線でものごとや気持ちを考えられるということですね。

それがあるから，ミレーの努力や諦めない気持ちを理解することができるんじゃないかな。

素敵な絵を描くという同じ目標をもった友達なんだと思います。

同じ目標をもって切磋琢磨する友達を『同志』っていうんですよ。

おー！同志か！強い絆でつながっているんだね！

ミレーの涙の訳もそのあたりにありそうですね。

4 板書

■**流れ**
❶事前の道徳的価値について確認し共有する。
❷本時で考えるテーマについて共有する。
❸主発問を中心に話し合いの中で考える。
❹授業を通して学んだ道徳的価値について整理し共有する。

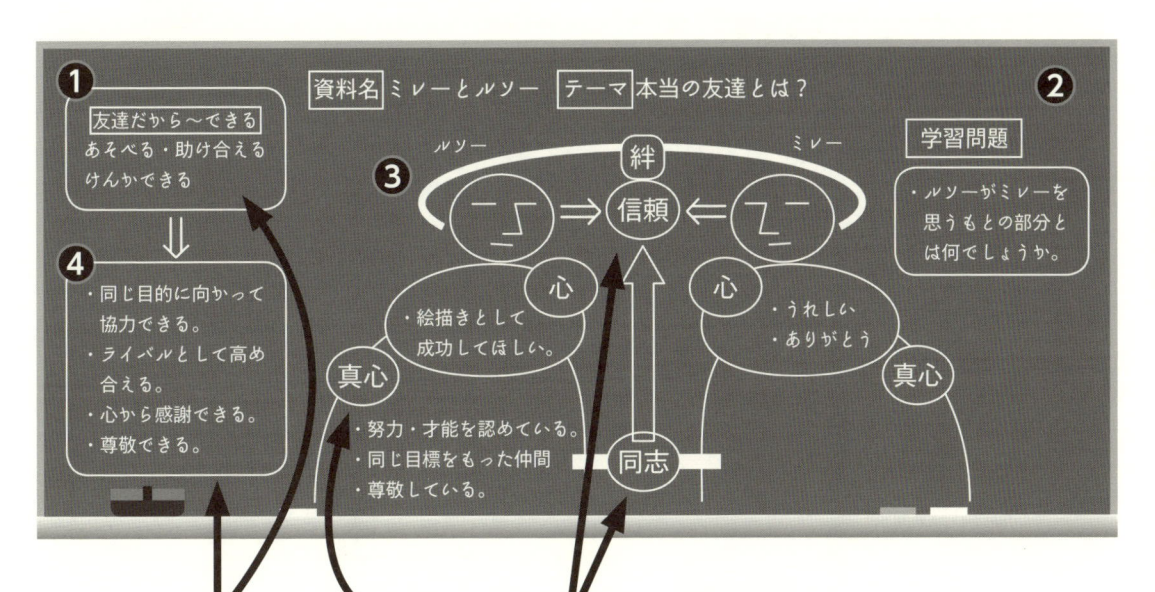

```
❶                資料名 ミレーとルソー    テーマ 本当の友達とは？        ❷
 友達だから～できる                  絆                        学習問題
 あそべる・助け合える        ルソー   信頼   ミレー           ・ルソーがミレーを
 けんかできる             ❸                                 思うもとの部分と
                          心           心                    は何でしょうか。
❹                    ・絵描きとして       ・うれしい
・同じ目的に向かって    成功してほしい。    ・ありがとう
 協力できる。      真心                              真心
・ライバルとして高め
 合える。         ・努力・才能を認めている。
・心から感謝できる。  ・同じ目標をもった仲間  同志
・尊敬できる。      ・尊敬している。
```

授業前と，授業を通して学んだ後の，子どもの道徳的価値を比較できるように板書。

子どもがもとの心について考えた後，お互いの心がどのようにつながっているのかを，「同志」等の言葉で意味づけすることが大切だと考えられる。

■**まとめ**

子どもたちには，言葉だけではなく，絵や図などを使って板書をさせ，それを説明させて，全員で検討することが思考を育むことにつながると考えられる。

今回は，人間関係図を使って表現している。子どもたちが中心となって，「友情」のよさについて構造的に捉えて学習することができた。

ワンポイントアドバイス！

ミレーとルソーの仲間としての質の高さに気づかせる必要がある。単なる絵描き仲間ではないつながりとはどういうものであろうか。それを理解させるためには，他の仲間とのつながりと比較させるとわかりやすい。そのための板書である。

本時では「同志」という言葉を意図的に意識させることで気づきを促す工夫をしている。「同士」ではなく「同志」なのである。確かに効果的であるが，さらに深く考えさせるならば，「志を同じくするだけなのか」ということであろう。

5 子どもの反応

【道徳の授業の感想】

> 今日の学習で，本当の友達とは，お互いに支え合ったり助け合ったりする。また，競い合える仲間だということがわかった。心の中でお互いに相手のことを認めたり，ライバルだと意識したり，また相手と同じ目標をもっていたりすることで，信頼や友情が深まっていくのだと感じた。

【道徳通信】

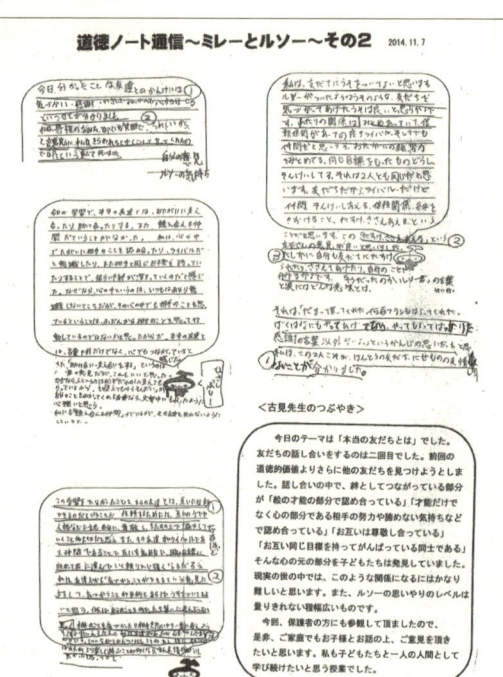

特徴的な場面

授業中に考えて書いたノートをもとに，家に帰り，家族と授業の内容について話しながら，もう一度道徳的価値について考え，整理する場面を設定している。

家庭で整理したノートを集め，道徳通信として発行し，友達の考えを読んで自分の考えと比較したり，質問したりしながら思考を育む。さらに，新たに気づいたことや疑問に思うことは道徳の時間に取り上げ，次の学びへの連続性を大切にした場面を設定することで，学び合う道徳の時間へとつなげる。

ここでひと言！

古見教諭は，事後活動を重視している。これは，これからの道徳教育を考えていく上で，非常に重要なポイントである。

学習指導要領にも記されているとおり，「自己を見つめ」，「道徳的実践意欲と態度」を育てるわけであるから，授業が終わったから終わりではなく，子どもが考え続ける主体にする必要がある。

道徳通信をまとめ，家庭に学校で行っている道徳教育がどのようなものかを知らせることは意義のあることである。学校教育と家庭教育がリンクしてくる。

6 授業後の子どもの変容

この授業を終えて，子どもたちはサッカー大会に向けて自分たちで練習メニューを作成し，朝の練習，放課後の練習と，クラス一丸となってがんばり始めた。特によかった点は，サッカーを得意とする子が得意ではない子に対して，ともに意識を高めて練習をしてきたことであった。失敗しても怒ることなく，常にチームの状態をふり返って次の試合に臨むという姿勢ができたのである。

今回の取り組みで，友達について右のようなノートがあった。

> 今回のサッカー大会を通して，よいチームになるためには，目に見えなくても心で友達と支え合うことが大切だと思いました。思いを込めてみんなで作った旗が，心の支えになりました。また，苦しい練習や状況の中をともに乗り越えてきたから準優勝という結果が出たし，何よりみんなを信用しようという心が広がりました。チームに貢献したい，みんなのためにがんばりたいという気持ちが，自然と心の底からわいてきて，友達っていいなと思いました。

子どもたちはサッカー大会を通して，授業で学んだ友達のよさをさらに深め，実践できたと感じた。サッカー大会の感想を発表し合うことで，心のより深い部分でクラスとしての絆につながっていくことを実感した。

7 授業をふり返って

「本当の友達について考えよう」というテーマで道徳の授業を行うのは二回目であった。一回目は，相関関係を大切にした板書を手がかりに話し合うことで友達のよさを学んできた。

二回目である今回は，友達関係をつなぐ「心のもと」について話し合うことで，より深いところでのつながりを学習することができた。また，構造的に板書をし，子どもたちの意見をつなぎながら意味づけをすることで道徳的価値の自覚が高まり，サッカー大会の実践に結びついたと考えられる。さらに，実践を通して，友達のよさは自分たちを高める，優勝をつかむために必要なものである，といったことを学んだと考えられる。

一つひとつの学びをつないで自分の言葉とすることで，自信となり生きる力となることを実感した授業であった。

この授業のポイント！

「本当の友達について考えよう」というテーマ設定をしたことで，子どもたちは継続した問題意識で授業や日常生活を送ることができる。一本筋が通るわけである。

テーマを掲げるというのは，全体の土俵が一致するだけでなく，観点を共有できるところがよい。サッカー大会に向けて練習を始めた子どもたちの姿に，その効果が表れているのが見て取れる。

実践Ⅱ　ミレーとルソー

高学年　主題名　目標に向かって

富士観測所をつくるために

1 主題を通して考えたいこと

目標を設定する時に大切なことは，その方向性と達成の仕方である。単に目標を立てればよいというものではない。無謀な目標や主体性のない目標では意味がない。また，どんなに立派な目標でも，その達成の仕方に正しさがなければならない。目標達成のためには手段を選ばないという，自分本位の努力のもとに成し遂げたのでは問題なのである。

自分自身が全力で取り組むに足る目標を掲げることができ，それに向かってがんばろうと思うことができるからこそ，希望や勇気がわいてくるのである。

2 内容項目について

[希望と勇気，努力と強い意志]
[第5学年及び第6学年]　より高い目標を立て，希望と勇気をもち，困難があってもくじけずに努力して物事をやり抜くこと。

高い目標を掲げ，それに向かって不断の努力で突き進む姿は清々しく，すばらしい。人にはこのような力があるからこそ，これまで想像の世界でしかなかったようなことを現実のものとすることができるのである。それが成長・進歩の大本であり，人が人たる所以である。

この内容項目の価値があるところは，「過程」であり，「結果」はその副産物にしか過ぎない。なぜなら，結果（成功や発明品）は，時間が経てば過去のものとなり，新しいものに塗り替えられる可能性があるからである。

3 資料について

あらすじ

正確な天気図をつくるため，富士山頂に観測所を建てる。それが野中到の夢であり目標であった。前人未到のこの試みは困難を極め，さまざまな人たちの協力もあったが，結局は失敗に終わる。しかし，この行動は日本中を感動させ，国が気象観測所をつくる契機となった。

資料をどう読むか

この話は，何かを成し遂げて世に貢献し，名を残した人物の成功物語とは一線を画す。

では，主人公の野中到は何をしたのだろうか。資料には書かれていない野中の行為の値打ちについて深く考えることのできる資料である。

実践Ⅰ　>>> 富士観測所をつくるために

私はこう授業した
筑波大学附属小学校教諭●加藤 宣行

本時の授業Point
時系列を引き伸ばして、過程を重視させる。

● AとBの矢印を比較させる。観測所の設置が最終目標であれば、Bの方が努力が報われているのではないか？　では、どちらが努力を生かしているのか？

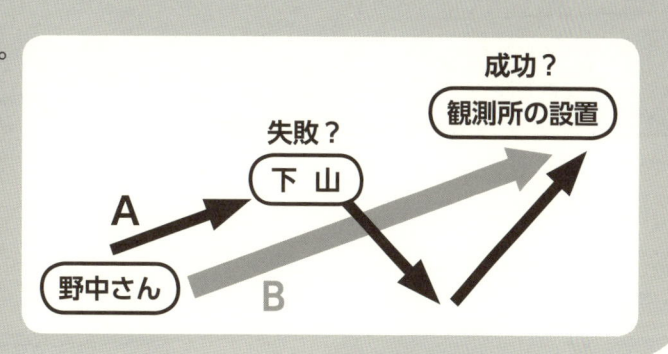

図：野中さん → A → 下山（失敗？）→ 観測所の設置（成功？）／ B は野中さんから観測所の設置へ直接向かう矢印

1　授業の展開

導入
○がんばることのよいところと、よくないところを考えましょう。
・よいところ……できないことができるようになってパワーアップし、自信がつく。
・よくないところ……疲れる。楽ができない。周りが見えない。本当の努力をしない。

展開
○野中さんのがんばりのよいところとそうでないところを分析してみましょう。
・観測所をつくるという目標をつないで、最終的にできたからよい努力を重ねた。
○観測所をつくれずに下山し、後は人に任せているのだから、野中さん自身の努力は報われていないのでは？
・そうではない。命をかけてがんばって、その結果、思いがつながっているから。
○では、命をかけて富士山頂に残り、観測所をつくり上げたらもっとよかったのかな？
・……（沈黙）。いや、それは自分のための努力、下山したのは人のための努力。
○なるほど、目的が違ったわけだ。
・そう、野中さんの目標は、日本の観測技術を向上させること。
○そうか、そうするとこのAの線は観測所の設置まででは終わらないんだね。
・うん、未来へずっと続く。

終末
○そのような努力を積み重ねた人は野中さんだけではないよね。そういう人たちのおかげで、今の便利で暮らしやすい世の中があり、私たちがいるのですね。
（子どもたち、うなずく）

2 板書講座

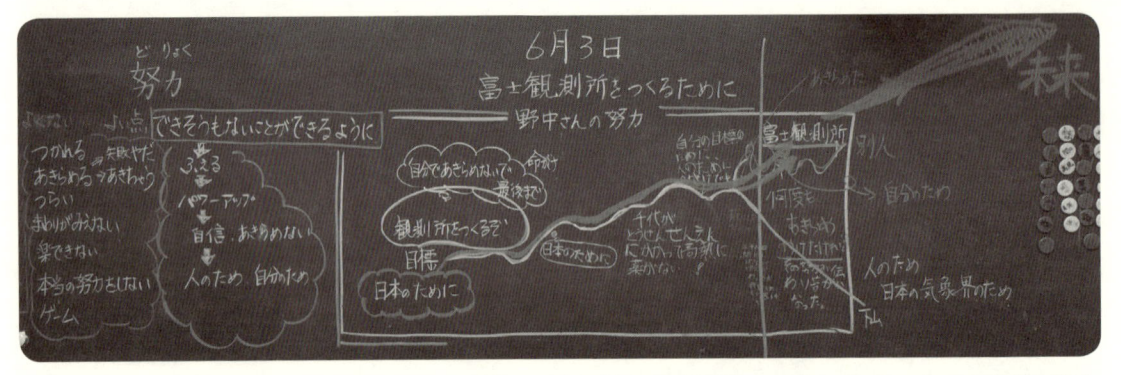

野中到の努力の線をいくつか示し，最終目標が「観測所設置」の場合と，「日本の観測技術向上」の場合では，意味が違ってくることに気づかせる。子どもたちは，最後には「先生，野中さんがつくった道は，未来へ続いていく。矢印はずっと上へ伸びていく」と発言するようになった。

①導入

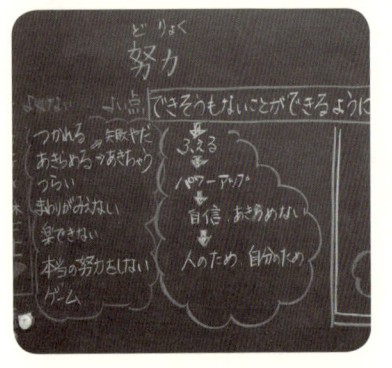

②展開

- 導入で，努力の両側面をとらえさせたことで，「野中さんの努力は途中であきらめているし，よくないのでは？」という子どもの言葉を使った問い返しが効果的になった。

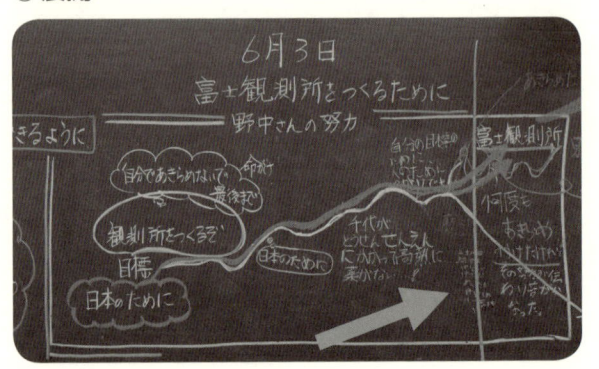

- 野中到の努力の軌跡を確認した上で，山頂に観測所を設置するところまでを枠で囲み，「野中さんの努力はここまでだね」と下山の時点で線を引いた。子どもたちはざわめき，「そうじゃない」と言いつつ，うまく説明できないことにもどかしさを感じているようであった。

■別の授業の板書

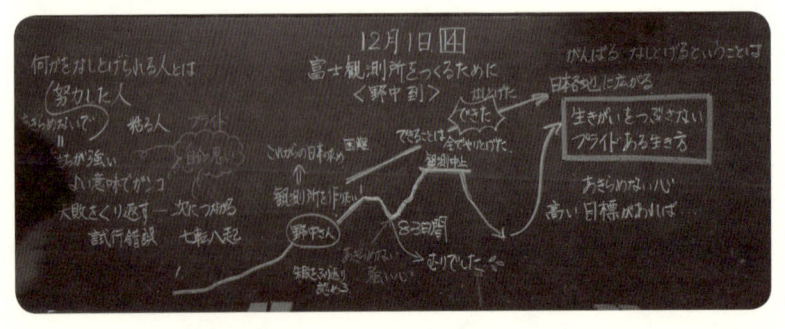

- 導入で，「何かを成し遂げられる人」のイメージを聞き，それを本時につなげた。そして「野中さんは成し遂げていないね」と問うと，目に見えない部分を考え始めた。

3 子どもの反応

　がんばる，なしとげるということは，あきらめない心と自分で決めた目標をもつというところから始まり，つづくことです。野中さんだって，いきなり観測所をつくったのではなく，色々と研究や実験をして，そして自分の人生もつくっていって，いよいよ自分の目標，生きがいである観測所づくりを始めました。でも，ゼロからではありません。つづきからです。再スタートなのです。だからぼくは「つづく」という言葉で表しました。ぼくは，野中さんは人間的にも尊敬できる人だなあと思います。理由の一つは「観測中止」という，とても名誉あることができたことです。自分の存在意義がわかり，ここで死んだら元も子もない，これからへつなげていくということがわかっているからです。　　　　（5年　W）

■道徳ノート

　W君のこだわりは，「始まり，続く」ということ。確かに，何かを始める時より，始めたことを続ける方が大変かもしれない。立ち上げ時はそれなりに気持ちも高まってがんばる気持ちが強いが，その気持ちを維持し続け，さらに発展させることは並大抵の努力ではできない。しっかりとした目標設定が重要であろう。意味のある努力とは，そのような確固たる意思に裏打ちされたものでなければならない。

問い返しの引き出し

○何かを成し遂げるとは，どういうことですか。野中さんは成し遂げていますか？
○野中さんの目標は達成されましたか？
○命を惜しまず，富士山頂に居残り続けて観測所をつくったとしたら，努力は報われたことになりますか？

まとめ

　野中到の努力をベクトルで示すことにより，どの方向へ向いた努力なのか，意志半ばで下山する行為・行動と，努力の意味が必ずしも一致しないということに気づかせることができた。板書の横書き・図式化によって，その気づきを促す効果があったと考えられる。

実践Ⅱ　>>> 富士観測所をつくるために

神奈川県小田原市立片浦小学校●中村　絵里

本時の授業Point
子どものイメージと資料の内容とのズレを問う。

●「何かを成し遂げる人」とは「あきらめない人」、「粘り強い人」というイメージをもっている子どもが多いだろう。資料に出てくる野中さんは，途中で富士観測所を作るのをやめて下山している。「下山した」は「あきらめた」という言葉に置き換えることもできる。この，子どものイメージと資料の内容とのズレがポイントとなる。「野中さんは途中で下山していますが，成し遂げた人といえるのでしょうか」と，子どものイメージと資料とのズレを問うことで，子どもたちは「成し遂げる」の本当の意味を考えようとする。

📖 資料をどのように読んだか

　この資料の大切なポイントは，命の危険にさらされても観測を続けたところではなく，和田技師と一緒に下山したところである。下山することは一見「あきらめた」というイメージがあり，内容項目の「努力と強い意志」とは離れていると考えてしまうだろう。しかし，このイメージと資料の内容とにズレがあるからこそ，子どもたちは「成し遂げる」の意味を考えようとする。また，下山したことの意味を考えることで，野中さんの目標が「自分の手で富士観測所をつくること」ではなく，「日本各地に観測所をつくりたいという思いを伝えていくこと」であることが見えてくる。

　なぜそこまでして成し遂げようとするのかを考えると，野中さんが「日本のために」という目標をもっていたからということがわかる。

　目標をもつことの大切さ，目標のために最善を尽くすことの大切さがわかる資料である。

　多くの子どもたちは「成し遂げる」という言葉に対して，「あきらめない」，「粘り強い」というイメージを持っている。そのまま資料を読むと，「何かを成し遂げるためなら，ぎりぎりまでやることが大事」という考えになってしまう危険性がある。そのため，野中さんが「下山した」部分に注目し，「成し遂げる」とはどういう意味なのかを考えさせる必要がある。下山はあきらめではないのか，野中さんは成し遂げた人といえるのか，というイメージと資料とのズレを発問にすることによって，野中さんは目標をあきらめたわけではなく，達成させるために下山したことに気づくことができる。また，そこから「成し遂げる」とは「目標に向かって最善を尽くすこと」であることがわかる。

　終末では，「野中さんの生き方で真似したいことは何か」と問い，「野中さんのように目標に向かって最善を尽くしていこう」という意欲をもたせることができる。

1 全体的な流れ

第一時　導入　総合的学習の時間
　5年生が中心となって進める「6年生を送る会」について，総合的学習の時間で話し合う。5年生としての目標を決め，その目標に向かって何をしていくべきなのか，どのような準備をすればいいのかを考える。

第二時　本時　道徳の時間
　子どもたちのイメージと資料の内容とのズレを発問にし，「成し遂げる」の意味を考えていく。「成し遂げる」ためには，「目標に向かって最善を尽くしていくことが大切」ということに気づかせる。また，そのような生き方をしたいという意欲をもたせる。

第三時　常時指導　道徳の授業後の展開
　「6年生を送る会」に向けて，もう一度5年生としての目標を決める。役割をそれぞれ決め，一人ひとりの目標も決める。その目標に向かって今の自分ができることを考え，実践していく。実践後にはふり返りをし，達成感をもたせる。

2 本時の展開

■ねらい
◎目標をもって，自分のもっている力を精一杯働かせて生きることのすばらしさがわかり，そのような生き方に心を動かし，自分もそのような生き方をしようとする。
　＊「成し遂げる」とは今の自分の最善を尽くすことだということがわかる。
　＊目標に向かって最善を尽くしていくことのすばらしさに感動する。
　＊目標をもち，それに向かって最善を尽くしていこうとする。

■展開

学　習	手立て
○「成し遂げる人」とはどんなことができる人なのか考える。	●「成し遂げる人」について，イメージをたくさん挙げさせる。
主発問：野中さんは下山しました。成し遂げたことになるのでしょうか？	
○資料を読んで，「成し遂げる」の意味について考える。	●野中さんは「成し遂げた人」といえるのかを考えさせる。
○野中さんから学んだことをまとめる。	●導入で出た「成し遂げる人」のイメージと資料の中のズレを問う。
○今の自分にとっての目標とそれに向けてどのようなことができるかを考える。	●自分自身に置き換えて考えさせ，野中さんのような生き方をしてみたいという意欲をもたせる。

実践Ⅱ　富士観測所をつくるために

3 ここで子どもが変わった

> 主発問：野中さんは下山しました。成し遂げたことになるのでしょうか？

野中さんは下山しました。あきらめてしまったのだから「成し遂げた人」ではありませんね？

確かにそうなんだけれど…。

ちょっと考えさせてください。

私は成し遂げていると思います。

みんなは「成し遂げる人」は「あきらめない人」と言っていたよね。下山することはあきらめることではないの？

あきらめたわけではない。

死んでしまっては意味がない。

自分の手で完成させることよりも、「みんなに伝えよう、そのために下山しよう」が目標になったのだと思う。

思いを伝えていくことが目標になったんだね。

全国に観測所をつくるためには死んではいけない。だから下山を選んだ。

今、自分にできることを考えた。

最善を尽くしたということかな？

そう！最善を尽くしたことが「成し遂げた」になる！

4 板書

❶子どもたちが思う「成し遂げる人」のイメージを左側に書く。

❷野中さんがどのような道を通って目標を達成したのかを図で表現する。

❹野中さんの目標は、富士観測所の完成で終わりではなく、新たな目標に続いていることがわかるように線をのばしていく。

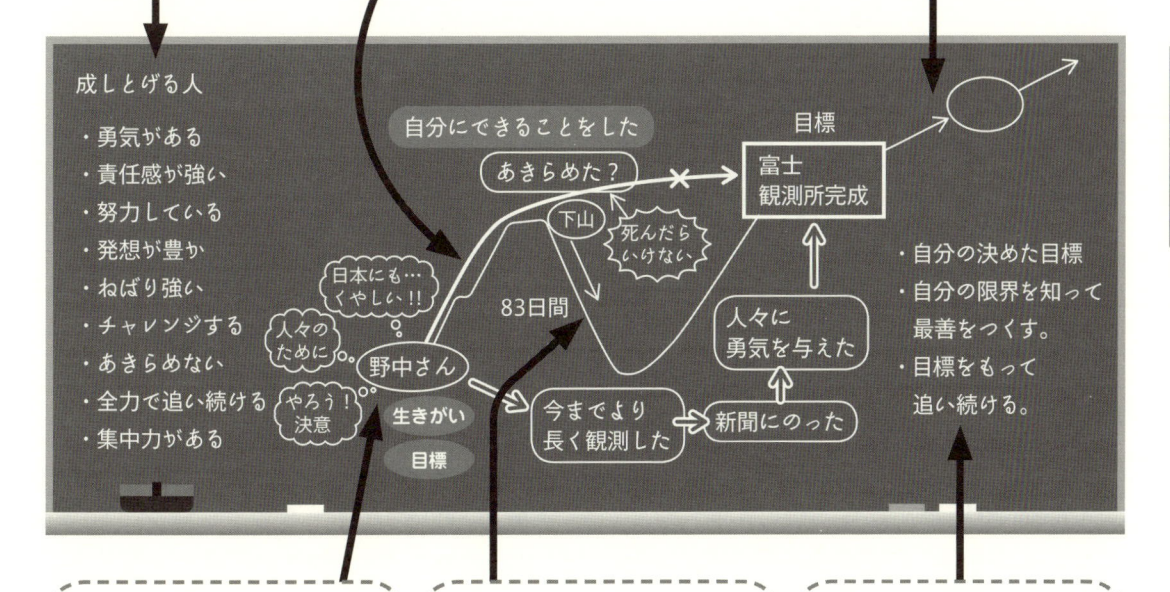

【板書】
成しとげる人
・勇気がある
・責任感が強い
・努力している
・発想が豊か
・ねばり強い
・チャレンジする
・あきらめない
・全力で追い続ける
・集中力がある

自分にできることをした
あきらめた？
下山　死んだらいけない
日本にも…くやしい!!
人々のために
野中さん　やろう！決意
生きがい
目標
83日間
今までより長く観測した　→　新聞にのった
人々に勇気を与えた
目標　富士観測所完成

・自分の決めた目標
・自分の限界を知って最善をつくす。
・目標をもって追い続ける。

❻「野中さん」と書かれた部分を「自分」に書き換え、今の自分の目標と、それに向けてどんなことができるのか考えさせる。

❸下山したことを強調できるように、山を下りる線を描く。「下山はあきらめたことになるのではないか」と問う。

❺資料で学んだ後、再度「成し遂げる人はどんな人か」を問い、右側に書く。導入で出たイメージと比較する。

■まとめ
　子どもたちの意見をそのまま板書に表現していき、「成し遂げる人」のイメージと、資料の中とのズレを明確にできるようにする。
　目標を成し遂げるまでの道のりを図式化することによって、どんな人でも、「同じように、成功したり失敗したりする道をたどってきているのだ」と、自分事として置き換えることができる。

ワンポイントアドバイス！
目標に向かって努力するという内容は、結果よりも過程が重要である。だから、絵や矢印などのベクトルで、時系列的に全体を俯瞰できる構造図を提示してやるとわかりやすい。このような図のよさは、時間的な経緯も同時に把握できるところにある。

実践Ⅱ　富士観測所をつくるために

5 子どもの反応

【子どもの記述】

◎野中さんから学んだこと
- 自分で決めた目標に向かって努力する。
- 自分のげん界を知り、最ぜんをつくしていく。
- 目標をもつことが大事。
- 目標が達成したら終わりではなく、さらに上へと追い続けていく。

◎生活をふり返って
- ぼくは、サッカーで今少しずつ努力しています。春には6年生です。今の目標は、みんなをしっかりまとめ、アドバイスやはげましの言葉を下級生に言うことです。残り1年間は自分のできる最ぜんをつくしていきたいです。

【道徳ノート】

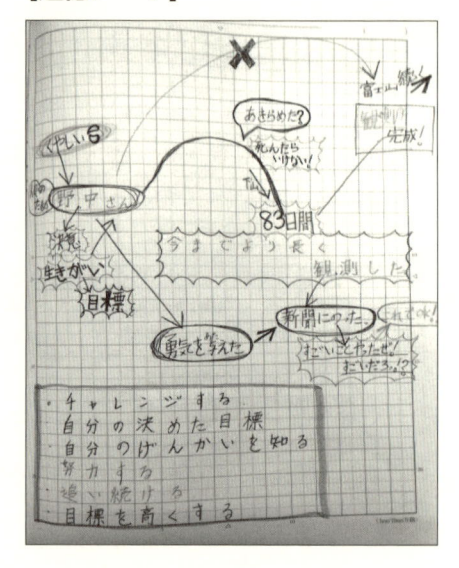

特徴的な場面

子どもたちの「成し遂げる人」のイメージと野中さんの行為(下山した)にはズレがある。そのズレを問い、「成し遂げる」の本当の意味を考えることで、「成し遂げる」とは「目標に向かって最善を尽くしていくこと」がわかってくる。また、終末で「野中さんから教えてもらったことはなんだろう」、「野中さんの生き方で真似してみたいことはなんだろう」と問うことで、子どもたちは野中さんのような生き方について考え始める。それを、自然と自分自身の生活に置き換えて実践していこうとする。

ここでひと言！

中村教諭は、野中到の歩んだ道を時系列で表し、富士山頂での観測とダブらせて標高差で、彼の成果を上下の位置関係で示した。高い時は目標に向かってよい結果を出している時、下に下がっている時は、結果を出せずに低迷している時というように、象徴的に表しているのである。そして、下山が価値のないこと、敗北、あきらめ、失敗というイメージがあるが、本当にそうなのだろうかと疑問を投げかけている。そこから子どもたちは真剣に考え始めたわけである。

6 授業後の子どもの変容

　今回の授業後，特に「6年生を送る会」で，一人ひとりが目標を決め，それに向かって最善を尽くそうと努力する姿が見られた。

　その結果，本番では6年生が涙を流して喜んでくれた。「送る会」終了後のふり返りには，右のようなものがあった。

　学んだことが生活の中で生かされると，達成感を得，また充実感も味わえる。それがさらに次の意欲へとつながっていくということを実感した。

> 　私は，最高の「6年生を送る会」にしたいという目標をもって休み時間も準備をしてきました。野中さんは，自分で決めた目標を追い続け，そして最ぜんをつくしていったことで，目標が達成できました。私もみんなで決めた目標を追い続け，最ぜんをつくしたので「6年生を送る会」が大成功したのだと思いました。

> 　全校をまとめるのは大変だった。しかし，目標に向かって一人ひとりががんばったから成功した。そして，失敗したり，成功したりしたことを生かしていくことが大事だと学んだ。学んだことを生かして6年生になったら6人で全校をしっかり引っ張ってきたい。

7 授業をふり返って

　本時のポイントは，野中さんは「成し遂げた人」といえるのかという問いである。導入で出したイメージと資料とのズレを発問にすることで，子どもたちは自然に話し合い始めた。また，授業の最後に，野中さんの生き方について自分たちでまとめることで，実際に真似できることはないかという思いをもつ子どももいた。

　毎回，数週間後に「学んだことを生かそうとしたことはあったか」，「生活の中で，学んだことと結びつくことはあったか」という内容でふり返りをしている。今回のようなふり返りは，学んだことのよさを実感した内容や，新たな意欲に満ちた内容が多い。これは，授業中に学んだ達成感があったからだと考える。今後も「子どもたちが自然に話し合う授業」を目指していきたい。

この授業のポイント！

本授業のポイントは，子どもたちが自然に話し合いに臨み，考え，一つのゴールを見出させることに成功している点である。目標を達成するということは，目先の結果を出すことではない。高い目標設定があってこその努力となるわけである。それをうまく引き出した取り組みといえる。授業後にふり返りの時間をとったことも，より実感を伴う理解を促した。

高学年　主題名　真心をこめる

本屋のお姉さん

1 主題を通して考えたいこと

　真心とは，文字どおり，真の心のことである。人の真の心とは本音であるが，本音というと，どうしても「本当は思っているけれど人には言えない心」というニュアンスがある。つまり，悪巧みや下心など，よくない心の表れとして使われることが多い。しかし，真心とはそうではない。「よき本音」である。そのよき本音を使おうとする心がすなおで誠実な心であり，その発露が人の心を温かくする言動なのである。

2 内容項目について

[正直，誠実]
[第5学年及び第6学年]　誠実に，明るい心で生活すること。

　「誠実」を辞書で引くと，「真面目で真心がこもっていること」という説明がある。真心がこもっている状態というのは，「誠実」の一つの様相であり，人間のもつ「真の心＝よき心」に従うことが「誠実」なことなのである。悪しき心をすなおに表すことは「誠実」とはいわない。

3 資料について

あらすじ

　本屋でアルバイトをするお姉さんは，客のどんな態度にもくさらずに，誠実に対応する。相手のことを思い，本が傷まないように，仕事の枠を超えてした方がよいと思うことを，労をいとわずに行うことができる。そして相手が喜んでくれることを自分のことのように喜んでいる。そのような心のこもったやりとりができるお姉さんを見て，「ぼく」の心も温かくなる。

資料をどう読むか

　このような人を「性格がよい」と言うのであろう。一歩間違えると「お人好し」になってしまいそうだが，よき心に誠実に，すなおに行動し，いつのまにか相手も幸せな気持ちにさせることができる。そのような「お姉さん」の行為・行動から，いかに心根をうかがい知ることができるかが，重要な観点となる。

実践Ⅰ >>> **本屋のお姉さん**

私はこう授業した

筑波大学附属小学校教諭● 加藤 宣行

本時の授業Point: お姉さんの仕事ぶりを分析する。

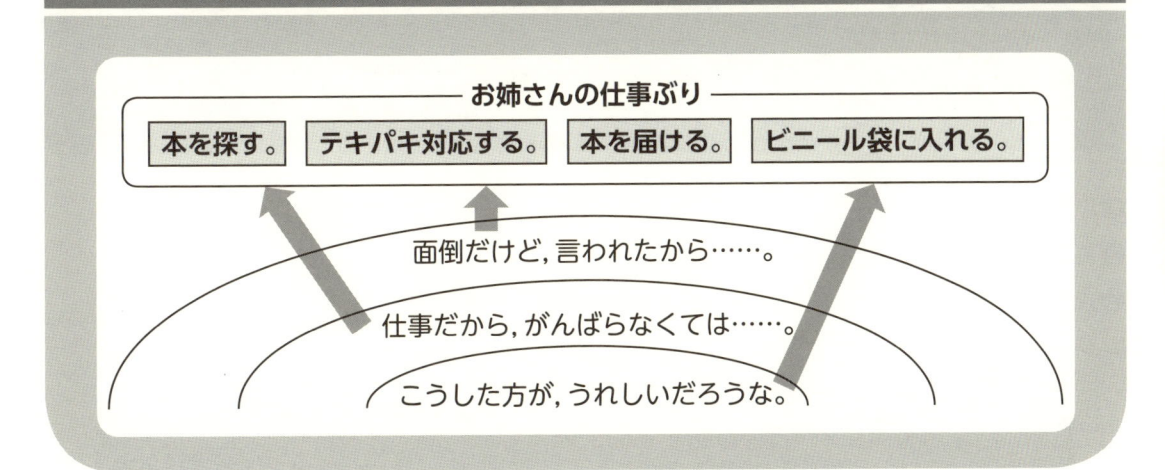

お姉さんの仕事ぶり

| 本を探す。 | テキパキ対応する。 | 本を届ける。 | ビニール袋に入れる。 |

- 面倒だけど,言われたから……。
- 仕事だから,がんばらなくては……。
- こうした方が,うれしいだろうな。

1 授業の展開

導入

○**理想の人ってどういう人ですか。**
・明るい人。　・やさしい人。　・誠実な人。
○**この三つはつながりますか。**
・つながらない。　・誠実な人は真面目なイメージ。
○**本屋のお姉さんはどうか,資料を読んで考えましょう。**

展開

○**お姉さんは,誠実ですか。**
・誠実。
○**なぜですか。**
・電話で済ませればいいのに,わざわざ届けに行ったり,雨で本が濡れないようにしたり,相手のために生き生きと仕事をしているから。
○**お姉さんは,明るいですか。**
・明るい……あ,明るさと誠実さはつながることがあるんだ！

終末

○**誠実さは明るさや,やさしさにつながることがわかりました。それ以外に何かわかったことはありますか。**
・誠実にしていると,大きな信頼やみんなの笑顔につながる。

2 板書講座

■ 板書で見る授業の流れ

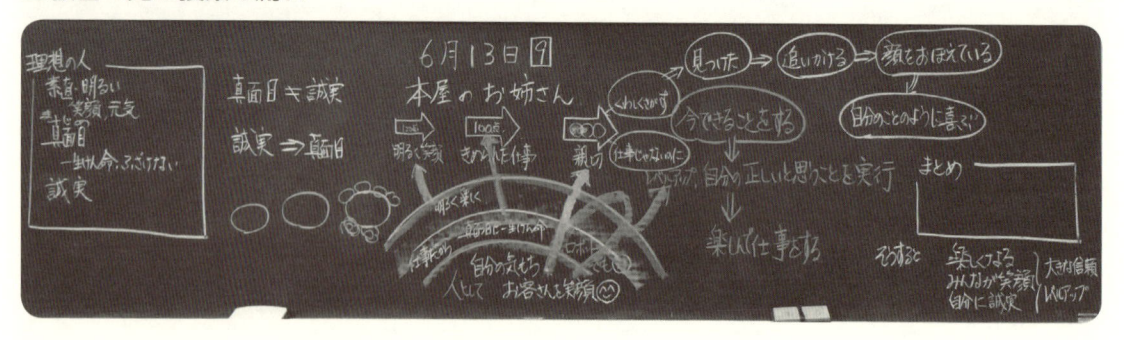

❶ 導入で理想の人物像を明らかにし，共通項を探る。
❷ 共通項（明るい・誠実・やさしい）を吟味する。
❸ 本時の「お姉さん」はどういう人かという観点を与えて資料に入る。

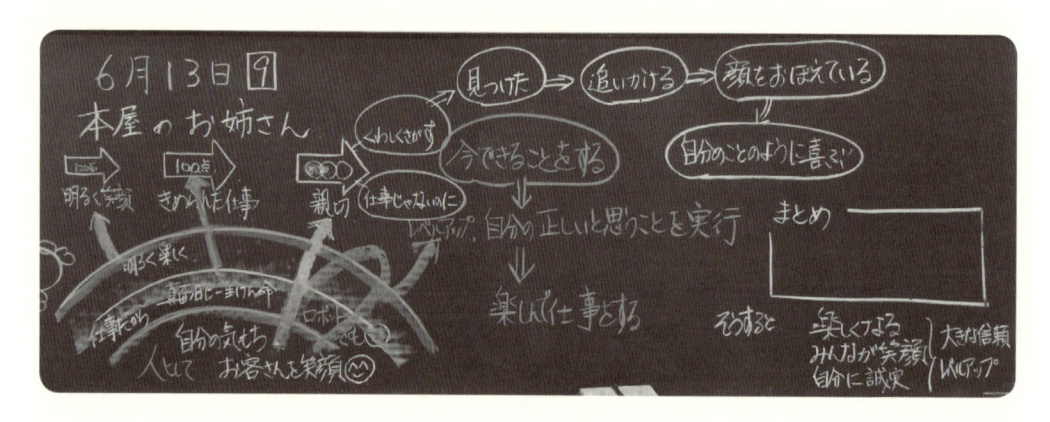

❹ お姉さんはだれに対しても明るく対応し，しかもその心もちは「仕方なく」でもないし，「仕事だから真面目にがんばろう」とも違う。だが真面目さが感じられ，人や仕事に対する一生懸命さが感じられる。人の喜びを自分のことのように喜んでいるところからも，人柄のよさが感じられ，自分に対しても誠実なのだろうと思う，というような気づきを促す。

❺ 「誠実」をキーワードに，「誠実」は真面目さや明るさをあわせもつということを再認識させ，自分たちの生活につなげてまとめていく。
❻ 子どもたちの言葉でまとめさせる。
❼ 道徳ノートに書くことで，より定着する。
❽ 家に帰ってまとめるよう促す（宿題にする）ことで，さらに深まりや広がりを期待できる。
❾ 子どもたちの記述や言動をもとにすることで，文章表記での評価が可能となる。

3 子どもの反応

　真面目のイメージは，授業前は暗くて勉強熱心だと思っていました。でも，S君が「やらなくてもよい仕事」と言ったときに，私の考えは変わりました。授業後の真面目は，いざというときだけ真剣になり，ふだんは自分のやりたいようにやる。自由だけどしっかりしているということだと思います。私は，誠実で真面目な人を目指していきたいです。

　今日の授業を受けて，「誠実・真面目」のイメージがすごく変わりました。
　今までは真面目というと，ガリ勉で静かでおとなしいといったようなイメージでしたが，今は元気で真面目な人がすごくうらやましくなりました。今回の授業を受けて，私も真面目な人になろうと思えたので，本当によかったです。

　真面目というのは，人のためにも自分のためにもなることをすることだということがよ〜くわかりました。お互いに助け合いながらがんばったり，自分から進んでやったりすることが真面目というのかなと思いました。今日の勉強はとてもすばらしいと思いました。

問い返しの引き出し

○真面目というと，どんなイメージですか。「お姉さん」は真面目だと思いますか。
○お姉さんがこのような仕事の仕方ができたのはなぜでしょうか。
○お姉さんは雨の中，本をビニール袋に入れてわざわざ届けに行ったことをどのように捉えているのでしょうか。
○お姉さんの明るさはどこから来るのでしょうか。
○このような心の使い方をする人をどう思いますか。
○このような人だからできること，このような心の使い方をするとどのような社会になるかなどについて考えてみましょう。

まとめ

　授業中に思いがけない発言があった。「このお姉さんはよく人を見ている。顔を覚えていたから男の子に本を届けることができたんだ」。なるほどと思った。人に対する真っ直ぐな心。これが誠実さ，真心の本質だということを子どもの気づきから教えてもらった瞬間であった。これだから授業は面白い。

実践Ⅱ　>>> 本屋のお姉さん

神奈川県横須賀市立神明小学校●根本　哲弥

本時の授業Point：お姉さんの仕事ぶりから誠実さを見つけさせる。

●誠実とは「言行の一致」を言う。しかし，よさに向かった言行の一致でなければならない。言ったこととしたことはどちらも目に見える行為であり，行為を生む心がよさに向かっていることが重要である。
　このお姉さんは仕事に対して一生懸命であり，誠実な人であるといえる。お客さんを喜ばせたいと願う心と行為が一致しているから，どんなときも明るく応対することができ，さらにおつかいで来た「ぼく」をも明るくしている。つまり，誠実な人は明るい生活を送ることができ，周りにいる人たちにも明るさを与えることができるのである。
　本時では，お姉さんの仕事ぶりがどのような心から来ているのかを考えさせ，誠実とは何か，誠実であることのよさとは何かを考えさせることがポイントである。

📖 資料をどのように読んだか

　お姉さんは，仕事に対して一生懸命である。具体的な姿から見てみよう。
①忙しい中でも，注文票を一つひとつ見ながら本を見つけようとする姿。
②他のお客さんにもてきぱきと応対する姿。
③「おじさん」に注意されても，気落ちすることなく明るく応え，次の仕事に取り組もうとする姿。
④雨が降っているのに，改札口まで走って「ぼく」を追いかけてきた姿。

　あらゆる姿からお姉さんの一生懸命さが伝わってくる。これらはすべて，目に見える行為である。大切なのは「お姉さんの一生懸命さを生むもとは何か」ということである。
　お客さんの気持ちや立場を察し，喜ばせたいという思いやりの心もあるが，大本（おおもと）には，お姉さんが「お客さんに喜んでもらえる仕事をしたい」とまっすぐに願う心がある。その心が一生懸命に仕事をするという行為を生んでいるのである。

　次に，「ぼく」に注目したい。初めは，用事を頼まれていやな気持ちでいた「ぼく」が，終わりになると心の中がいつの間にか温かくなっている。それは，お客さんのために一生懸命に仕事をするお姉さんの姿と明るさに触れたからである。お姉さんは，自分が願う心と行為が一致しているため，誠実で，心が明るい。だから，「ぼく」や「おじさん」にも笑顔で応対できるのである。
　つまり，よさに向かって心と行為が一致している人は，明るく生活することができ，その明るさは周りにいる人たちも明るくすることができるといえる。

1 全体的な流れ

第一時 本時 道徳
○よさに向かう心と行為が一致することで心が明るくなり，生活も明るくなることを理解させる。
○よさに向かう心があることを自覚し，実践していこうとする意欲をもたせる。

第二時 道徳の授業展開 学校行事・児童会活動等
○成功に向けて，一生懸命取り組もうとする活動を意図的に設ける。
○本時で学んだことと，学びを生かして活動したことを重ねてふり返らせ，道徳的価値についての理解を深める。

2 本時の展開

■ねらい
◎誠実についての理解を深め，明るく楽しい生活を送ろうとする。
　＊お姉さんの仕事に対する姿を見て，感動する。
　＊よさに向かう心と行為が一致していると，自分の心も生活も明るくなることがわかる。
　＊よさに向かう心を実現させながら生活していこうとする。

■展開

学　習	手立て
○真面目な人とはどういう人かを考える。	●子どもたちがもつ真面目についてのプラスとマイナスのイメージを浮き彫りにし，「真面目とは何か」という問いをもたせる。
主発問：お姉さんが大切にしていることは何だろう？	
○資料『本屋のお姉さん』を読み，一生懸命に仕事をするお姉さんの心を考える。 ・心と行為が一致していると，心も生活も明るくなることを理解させる。 ・明るい人は，周りの人たちも明るくさせることを理解させる。	●「お姉さんは真面目か」という視点を与えて資料を読ませる。 ・お姉さんの一生懸命な姿を探す。 　（目に見える行為） ・なぜ一生懸命なのかを考える。 　（行為を生む心）
○誠実でありたいと願う心は自分にもあることを自覚させ，明るく生活していこうとする意欲を高める。	●よさに向かう心と行為が一致していた経験をふり返り，授業で学んだことをまとめる。 ●よさに向かって努力している姿を例に挙げ，自分たちにもある誠実な姿を思い起こさせる。

実践Ⅱ　本屋のお姉さん

3 ここで子どもが変わった

> 主発問：お姉さんが大切にしていることは何だろう？

　導入では，子どもたちは真面目について「頑固だ」，「接しにくい」というマイナスのイメージをもっていたが，お客さんを喜ばせるために一生懸命，真面目に働くお姉さんの姿を通して，よさに向かって心と行動が一致していることのすばらしさを理解していた。また，お姉さんのよさを理解すればするほど，親しみがわいていった。

（コマ1）お姉さんは仕事だから一生懸命なんでしょ？お給料をもらうんだものね。／仕事だけど，仕事以上のことをしていると思う。

（コマ2）本を渡しに行かなくても，連絡して取りに来てもらえばいいよね。その間に，本の整理や立ち読みの注意もできるよ。

（コマ3）それじゃ，自分が満足できないんだよ。／お客さんが早く読みたいと思うから，早く届けたいんだよ。／お客さんが喜ぶような仕事をしたいから一生懸命。／自分の素直な心に一生懸命！

（コマ4）その心が行動となって表れているんだね。お姉さんが「ぼく」よりうれしそうだったのはどうして？／自分の仕事に納得しているというか，充実しているんだと思う。

（コマ5）そんなお姉さんがいる本屋さんだったら……。／うれしいし，ぼくもここで買いたいと思う。／仲よくなって，おすすめの本とか教えてくれそう。／この本屋さんにはどんどんお客さんが増えていきそうだね。

4 板書

■**本時の板書のポイント**

❶導入と終末で同じ問いをすることで，真面目について授業を通して考えた子どもの知識の広がりや理解の深まりがわかるようにする。
❷導入で生まれた子どもの問いを本時のテーマとして板書する。
❸目に見える行為（一生懸命な姿）を整理してまとめる。
❹行為を生む心，ねらいにせまる子どもの言葉を色で書いたり，枠で囲んだりして明確にする。
❺表情のマーク，矢印，枠などを使い，板書を図式化することでわかりやすくする。

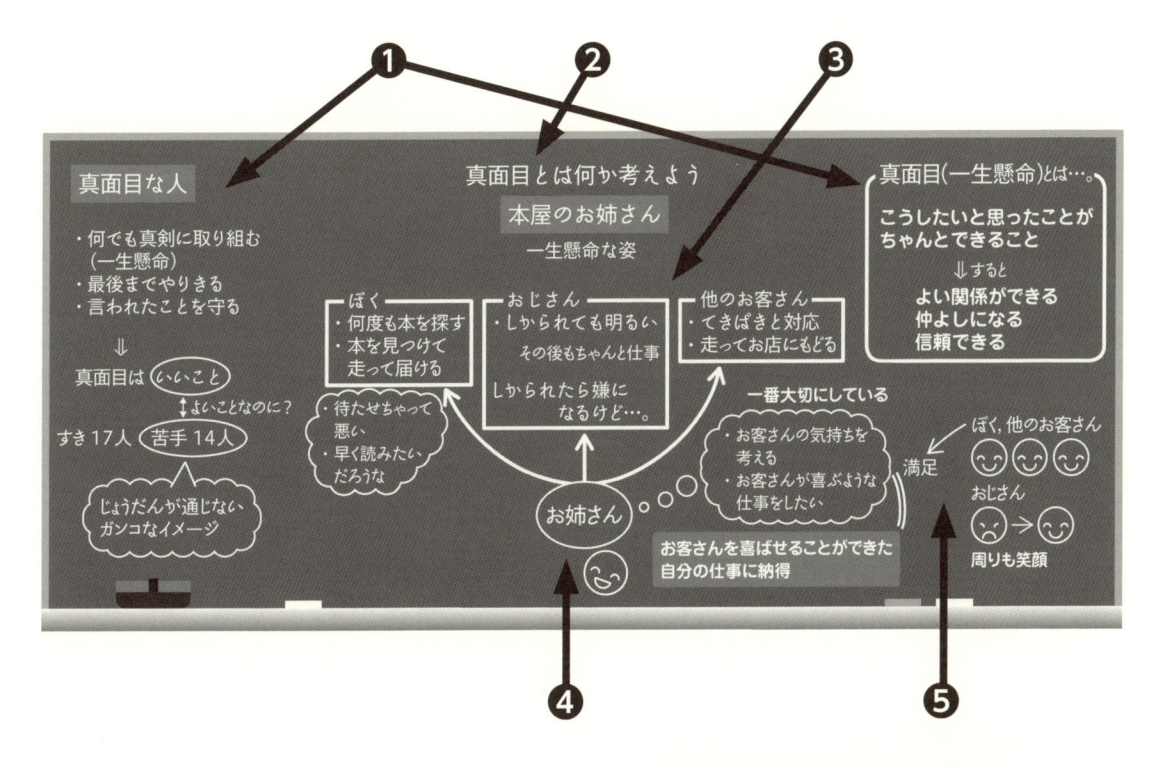

■**まとめ**

　板書は，子どもたちの考えを整理するものであり，考えを深める手助けとなるようなものでありたい。そのため，簡潔にわかりやすくする工夫として，図や表を用いたり，色の違うチョークなどを用いたりする。子どもに板書させる際は，教師は前に立たないようにする。自分たちで授業をつくり上げているという意識をもてば，授業への満足感や達成感を得ることができる。

ワンポイントアドバイス！

　本屋のお姉さんの「真面目さ」を知的に分析しているところがポイントである。また，色チョークを使い分け，視覚的な効果を上げている。
　惜しむらくは，主発問や本時の展開と板書の内容をもっと一致させることができれば，さらにわかりやすかった点である。

実践Ⅱ　本屋のお姉さん

5 子どもの反応

【子どもの道徳ノート】

◎「今日学んだこと，今後に生かしたいこと」
真面目な人は付き合いにくいなって思っていたけど，このお姉さんのような人だったら仲良くなりたいと思いました。授業のはじめは，真面目なことはよいことなんだろうけど，自分のことだけ考えて周りの人や雰囲気が考えられないのではよくないと思っていました。でも，授業で考えていくにつれて，本当の真面目とは，周りの人や雰囲気も考えながら，自分が正しいと思うことをする人だと思いました。

特徴的な場面

この子どもは，真面目についての捉えが変化している。導入での「真面目とは何か」という問いを，自分のものとして解決することができている。問いをつくるまでの流れは次のとおりである。

「真面目な人とはどういう人か」という問いに対して，「何にでも真剣に取り組む（一生懸命）」，「最後までやりきる」，「言われたことを守る」といった意見が出た。また，「真面目なことはよいか，よくないか」と問うと，全員がよいに挙手した。

さらに，「真面目な人は好きか」という問いに対しては，「冗談が通じなそう」，「頑固でかたいイメージがある」などの理由から，クラスの半数の子どもが苦手と感じていた。

真面目なことはよいと思っているが苦手である。これは子どもたちが，真面目の意味とよさをしっかり考えたことがないという表れであることから，その矛盾を問いかけ，導入時にクラス全体で問いをつくった。

ここでひと言！

根本教諭は，「真面目」をキーワードに展開している。授業導入時の「真面目」のイメージと，後半の「真面目」のイメージが変わってきていることを子ども自身が自覚できている。これは，一時間の学びのまとめとして一つの手立てである。また，児童の変容を見取る評価の手立てとしても有効である。ただ，「真面目」の意識を変容させるだけでなく，そのような姿勢は誠実性や自分自身の生き方といかにつながるか，というところまで考えさせると，もっとよかった。

6 授業後の子どもの変容

◎授業での学びを実践する。

　学校行事の一つで，全校の子どもたちが主となって進めていく「お祭り」の前に本時を行うことにした。よさに向かう心と行為が一致しているとき，明るく楽しい生活が送れることを本時で学んだ子どもたちは，行事を通して，自分たちもよさに向かう心と行為が一致していることを自覚しながら行事に取り組もうとしていた。学校行事は子どもの自主性を育てる。授業での学びと実践を結びつけることにより，道徳的価値についてのさらなる心情の高まりや，理解の深まりを実現することができた。

7 授業をふり返って

　真面目について理解が不十分であった子どもたちは，授業後に真面目のよさとは何かを理解することができた。これは，導入で生まれた問いが自分自身の課題となり，学びたいという意欲をもって学習に取り組んだことが大きい。また，本時で終わらせず，本時で得た学びを実践させる場面を意図的に設けたことも効果的であった。

　子どもの感想に，「このお姉さんは信頼できる人だと思う。信頼できるからこそ，本屋のおじさんももっとよくなってほしいから注意したのかもしれない」という文があった。この子どもは，あらゆる視点から資料を読んでおり，これは内容項目の関連を図る必要性を感じる貴重な発言である。

　一つの授業で終わることなく，他教科等との関連や内容項目の関連を図る授業を行うことで，人間のよさについての理解の広がりと深まりを実現することができる。道徳の時間を単元として考える重要性が感じられた。

この授業のポイント！

　真面目の定義は様々あり，誠実さや明朗さとつながるところがあるということに気づかせることができる授業である。それができるのは，「よりよく生きる」という大本（おおもと）の心がもとになっているからである。

　諸価値は単独で存在することはなく，このように構造的に関係し合っている。それをいかに授業を通して明らかにできるかが問題である。

高学年　主題名　忍びざるの心

最後のひと葉

1 主題を通して考えたいこと

「忍びざるの心」とは、『孟子』に出てくる言葉である。「～せずにはいられない心」という意味で、相手に対する思い遣りの心を表す。親切という行為・行動は、この忍びざるの心から生まれて初めて価値をもつ。困っている人を見て、「ああ、大変そうだな」、「もし自分だったら、誰かに助けを求めたいだろうな」、「何とかしてあげられないかな」という心を相手に遣り、何とかしたいと思えば思うほど、誰かに指示されなくても、自らの意思で行動に移すことができるのである。

2 内容項目について

[親切，思いやり]
[第5学年及び第6学年]　誰に対しても思いやりの心をもち，相手の立場に立って親切にすること。

思いやりは元徳、つまりさまざまな道徳的価値の大本にあるものだと言われる。確かに、友情も家族愛も自然愛護も、相手に対する想像力が大きいほど、うまくいくようになる。相手に対する想像力とは、思いやりである。その発露として行為・行動という目に見える形で現れてくるのが親切という具体的言動である。思いやりと親切はセットで考えられるべきものであり、単独では価値をもたない。また、「勇気」・「感謝」・「社会正義」・「国際理解」など、他の内容項目とセットになることも多い。

3 資料について

あらすじ

病に伏せるジョンジーは、ベッドから見えるつたの葉がすべて枯れ落ちる時、自分の命も終わると思い込んでいる。それを聞いたベアマンは、嵐の晩につたの葉の絵を壁に描く。翌日、壁に一枚残った葉を見てジョンジーは生きる意欲を呼び起こす。一方、ベアマンは肺炎で命を落とす。

資料をどう読むか

「いつか傑作を」と言い続けていたベアマン。彼をかき立てたものは何なのか。結果的にジョンジーの命を救い、「傑作を描く」という自らの夢も達成した。長年描けなかった作品を、たった一晩で描き上げた原動力こそが、「忍びざるの心」なのである。

実践Ⅰ >>> 最後のひと葉

私はこう授業した
筑波大学附属小学校教諭●加藤 宣行

本時の授業Point ベアマンは，なぜ傑作を描くことができたのだろうか。

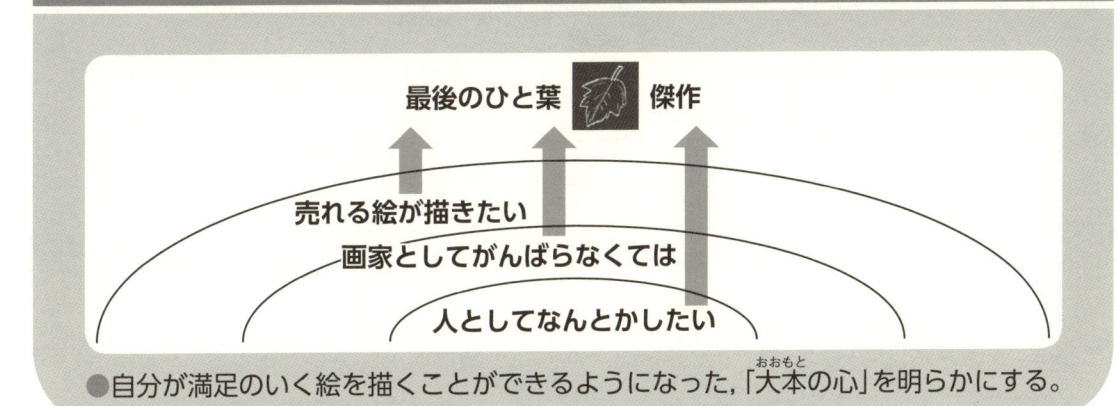

```
            最後のひと葉 🍂 傑作
              ↑      ↑    ↑
        売れる絵が描きたい
        画家としてがんばらなくては
          人としてなんとかしたい
```

● 自分が満足のいく絵を描くことができるようになった，「大本（おおもと）の心」を明らかにする。

1 授業の展開

導入
○命を投げうってまで人のために尽くすということはあり得ますか。
・あり得ない。
・結果的にそうなることはあるかもしれない。

展開
○この話はどんな話ですか。
・悲しく感動的な話。
○なぜ，傑作を描くことができないでいたのでしょうか。
・画家としての自分に足りないものがあった。
○どうしてたった一晩で「傑作」を描くことができたのでしょうか。
・命を投げうったから。
・いや違う。画家としてというより，人として描いたから。
○命を落とすことになってしまったベアマンは後悔していないのですか。
・最後に自分の命をかけて傑作を残すことができたので，きっと後悔していない。
・むしろ，最後に自分の生き様を作品に残すことができて，感謝しているのではないか。

終末
○他人の喜びを自分の喜びにできる人ってどういう人でしょうか。
・自分の役割に魂を込められる人。
・マザー・テレサやナイチンゲールのような人。

2 板書講座

■本時のテーマを中心に掲げる。

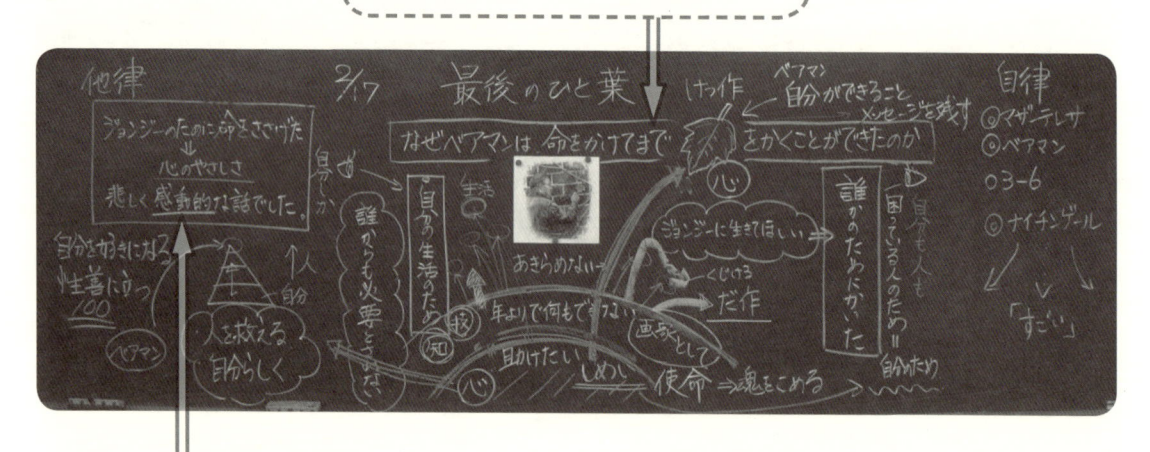

■「一文まとめ」をさせる。
　「○○が□□して◇◇になった話」というようにまとめさせると、学習前の子どもたちの読みが把握できる。国語の手法ではあるが、これを事前と事後に行うことで、意識の変容をみることができる。

■最後のひと葉を生んだ「大本の心」を構造化して考える。
　「最後のひと葉」が本当に傑作なのかという議論は別にして、どうしてあのような魂を込めた絵を描くことができたのか、なぜそれが読み手である私たちの心を打つのかを考えさせたい。それを図式化して板書に反映させることで、ベアマンの人としての心がみえてくる。

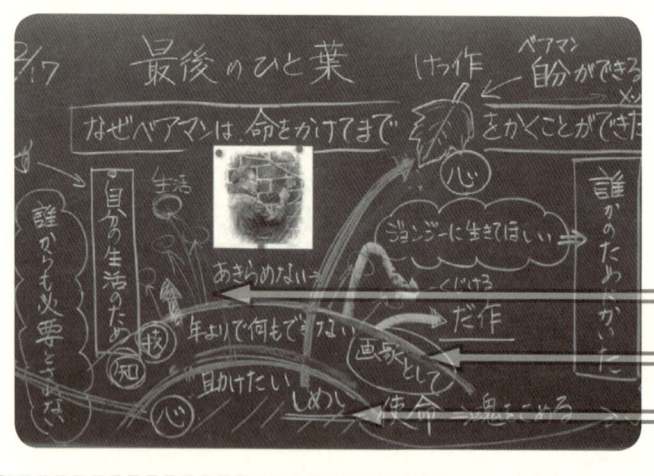

→ よい生活をするため。
→ 画家としてよい絵を描きたい。
→ ジョンジーを助けたい。

　画家としての条件（技術・経験・才能・環境など）が一日にして激変するわけがない。では、何が変わったのであろうか。今まで「駄作」しか描けなかったベアマンが「傑作」を描くに至る行程を俯瞰することによって、これまで足りなかったものがみえてくる。そしてそれこそが、人としての矜恃「忍びざるの心」なのである。

3 子どもの反応

私は，けっさくを描こうと思っていては，けっさくは描けないと思った。人のために何かをしたい，そう思うからこそ，けっさくが描けるのではないか。それまでベアマンさんは，けっさく以上のもの・ことを知らなかったのだと思う。ジョンジーに生きるのに必要な気持ちをあたえてくれたのは，ベアマンさんの描いた絵ではなく，ベアマンさん自身だと思う。絵は，ベアマンさんの気持ちを運んだだけで（これも大切だが……），ベアマンさん自身によってジョンジーを救ったのではないか。

人のために何かをするのはなぜか考えてみた。以前，母になぜ医者になったのかを聞いたら，「感謝されるから。その方が自分が得することより何倍もうれしい」と言っていた。くわしくは私にはわからないが，自分以外の人に支えられている，一人じゃない，そんなことがわかるからではないだろうか。ベアマンさんは，価値ある生き方をしたと思う。ジョンジーを希望で輝かせてあげたい，そんな強い想いがあったからこそ，ジョンジーは変わった。人のために何かをするのは，本当に想っていなければできないのだ。

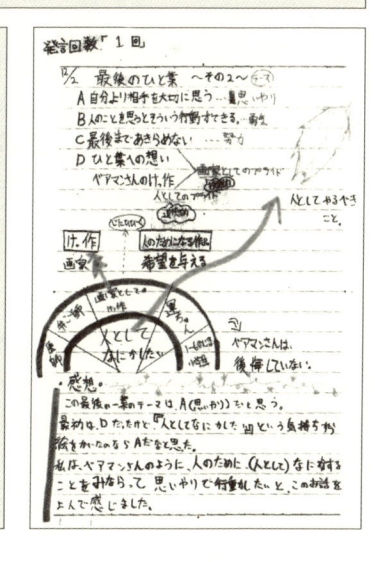

問い返しの引き出し

○ベアマンは突然「画力」がアップしたのですか。
○ベアマンは自分の命はどうでもいいと思ったのですか。
○ベアマンの描いた「最後のひと葉」は，傑作だと思いますか。それはなぜですか。

まとめ

人が名を世に残すような仕事をする際に必要なことは，技術や才能だけではない。○○家としてがんばっているうちはみえなかったもの，できなかったことが，人間としてよき心を使った時に初めて自分本来のスタイルがみえてきて，力がわいてくることがある。そのような心に裏打ちされた行為・行動は，結果として傑作や，スーパープレーを生み出す。ねらってできるものではない。

実践Ⅱ　>>> 最後のひと葉

群馬大学教育学部附属小学校●岡田　千穂

本時の授業 Point
「最後のひと葉が傑作」であるかどうかを問う。

●表面的に読めば，身を賭して描いたベアマンの絵が病気の主人公の心を動かしたという，自己犠牲とも取れる行為に目が向く。しかしここで注目したいのは，ベアマンが命懸けで守った命のすばらしさではなく，吹き荒れる雨風の中，絵を描くという行為を生み出したベアマンの大本(おおもと)の心である。道徳の授業で子どもたちに気づかせたいのも，行為の大本(おおもと)の心の部分である。

行為と心を結びつけて考えるためには，板書の工夫も必要である（詳細はP.155 4「板書」で解説）。行為と心を層構造的に図式化し，「この心があったからこの行為に至った」などと子どもたちの理解を促せるようにする。また，子どもの意見のポイントのみに絞って書き，目で見てわかる板書を心がけたい。

📖 資料をどのように読んだか

この資料は，ベアマンが描いた「最後のひと葉」が傑作であることが前提であるように描かれており，疑いの余地はないように見える。「きっと傑作であるに違いない。」と思わずにはいられない何かが，この資料にはある。

なぜ，そう思うのだろうか。ベアマンが命懸けで描いた作品だからだろうか。もしベアマンが一命を取り留めていたならば，傑作とはいえないのだろうか。いや，そうではない。嵐の中，すべての葉が落ちてしまった（と思われる）ことに気づいたベアマンとスー，そして病に伏せるジョンジーのために自分ができる最大限のことをしようとするベアマンの姿。この行為から，相手のために自分ができることをせずにはいられない「忍びざるの心」を感じ取れるからこそ，読者は心揺さぶられるのである。

そこで，「ベアマンが描いた最後のひと葉は傑作なのか」という問いを中心に授業を進めた。子どもたちに考えてほしいのは，ベアマンが最後のひと葉を描こうと思い立ったときの心の部分であるが，「どのような心か」と問うのでは抽象的すぎて難しい。"傑作"という具体例を出し，今までのベアマンと絵を描こうと思い立ったときのベアマンとを対比することで，ベアマンの「忍びざるの心」が見えるように心がけた。

本資料は，教科書会社により，ねらいとする道徳的価値が「生命尊重」，「敬虔」など様々であるが，それは資料の中に内容項目のみでは括りきれない"人間的なよさ"がちりばめられているからだろう。だからこそ，授業で何をねらうのか，資料をどう読むのか，ねらいを達成するために何を問うのか，という指導者の明確な意図が授業の肝であるといえる。

1 全体的な流れ

第一時 導入 常時
○相手のことを思って行動することの大切さについて考える。

第二時 本時 道徳の時間
○思いやりのある人はどのような人かを考える。
○資料を読み,ベアマンに最後のひと葉を描かせた大本（おおもと）の心を考える。
○本時をふり返り,再度思いやりがある人はどのような人かを考える。

第三時 事後 常時
○自分の周りにいる思いやりがある人を探す。(帰りの会の「いいところ見つけ」など。)
○「なりたい自分」を描き,近づけるように生活する。

2 本時の展開

■ねらい

◎誰に対しても思いやりの心をもち,自分にできる精一杯のことをしようとする。

＊相手を自分のことのように思って,相手のために自分ができることをしようとする人のすばらしさに心が動く。
＊そのすばらしさは思いやりの心をもとにした行動であることがわかる。
＊自分にも思いやりの心があることに気づき,相手のために自分ができることをしようとする。

■展開

学 習	手立て
○**思いやりがある人はどのような人かを考える。** ○**資料を読み,「最後のひと葉」を描いたベアマンの行為の意味を話し合う。** ・ベアマンはどのような人かを考える。 ・ベアマンが描いた絵は傑作かを考える。 ・ベアマンが描いた「最後のひと葉」に込められた思い(＝忍びざるの心)について考える。	●資料を読む観点をもてるように,思いやりがある人はどのような人か問いかける。 ●思いやりがある人とベアマンを比較し,思いやりに対する考えを深める。 ●ベアマンが描いた絵は傑作といえるかを問い,思いやりをもって行動するよさを具体的に捉える。
主発問：ベアマンが描いた絵は傑作といえるだろうか？	
○そのような心が自分にもあるかを考える。 ○**本時をふり返り,再度思いやりがある人はどのような人かを考える。**	●ベアマンの行為の理由を考えさせ,ベアマンの思いやりの大本（おおもと）の心に気づかせる。 ●ベアマンのような人が自分の周囲にいるか問いかけ,自分の周りにも思いやりのある人がいることを実感させる。 ●導入での問いを再度考え,自分の言葉でまとめさせる。

3 ここで子どもが変わった

主発問：ベアマンが描いた絵は傑作といえるだろうか？

ベアマンさんが亡くならなかったら、この絵は傑作ではないの？

いや、それでも傑作。

ジョンジーを助けるために、元気になってもらいたいという思いで一生懸命描いた絵だから、人の心を動かす傑作が描けた。

相手を元気づける

ジョンジーのためを思って描いた絵だから、その思いが伝わった。

相手を元気づける（相手に伝わる）

ベアマンさんは、傑作を描こうとしたわけではなくて、ジョンジーのことを考えて一生懸命描いたから、傑作になった。

傑作って、ただ上手な絵というわけではなくて、人の心に訴えかける力があるということですね。相手のために何かしたい、自分ができることをしたい。

そのような思いをもとにして描いた絵は、相手に何かを伝える力があるのかもしれないね。

相手を元気づける（相手に伝わる）
自分が描ければよい
上手な絵を描きたい
死ぬほどの思い
その人への思い
絵に込められた思い
生きてほしい

4 板書

■**流れ** （1）導入と終末に同じ問いを置き，本時で何を学んだのかを明確にする。
　　　　　導入と終末で同じ問いに対する自分の意見を書くことで，本時で学んだことを子ども自身がつかむことができる。
　　　（2）展開で子どもたちが気づいた行為の大本（おおもと）の心を層構造的に書く。

❸子どもたちが「最後のひと葉」を傑作だと考えた理由の中で，「このような思いがあったからだ」と語った部分が，大本（おおもと）の心に当たる部分である。それを段階に分けて端的に書く。

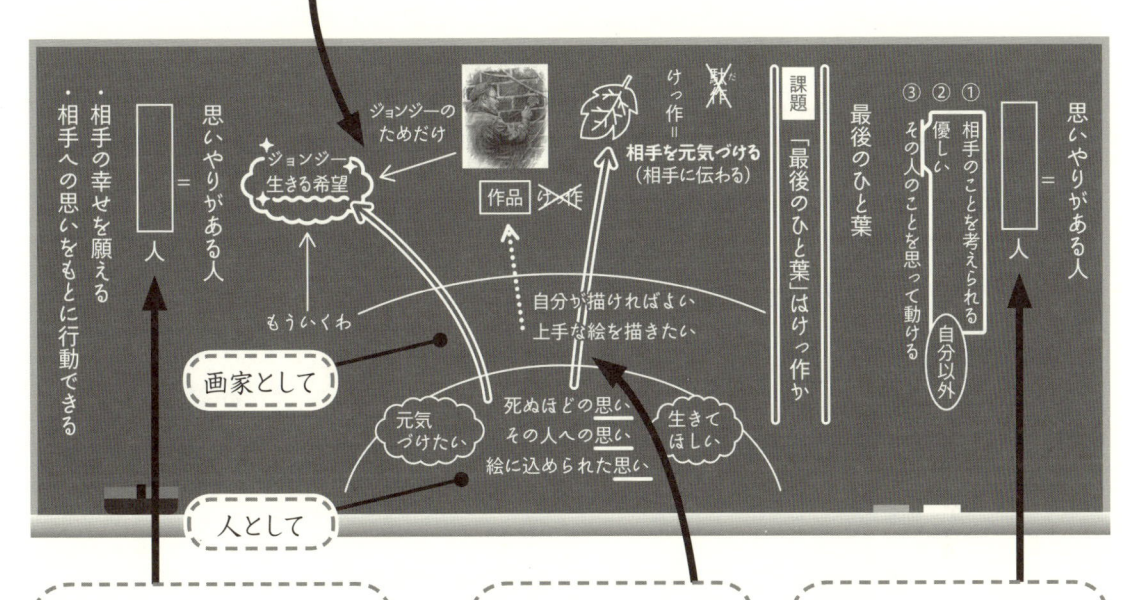

[板書イメージ]
・相手の幸せを願える
・相手への思いをもとに行動できる
思いやりがある人 ＝ 人

ジョンシーのためだけ／ジョンシー・生きる希望／もういくわ
画家として／元気づけたい／死ぬほどの思い・その人への思い・絵に込められた思い／生きてほしい
人として
けっ作＝相手を元気づける（相手に伝わる）
作品／けっ作
自分が描ければよい 上手な絵を描きたい

課題「最後のひと葉」はけっ作か
最後のひと葉

①相手のことを考えられる
②優しい
③その人のことを思って動ける
自分以外

思いやりがある人 ＝ 人

❹終末に，再度「今だったら，思いやりがある人はどのような人か」と発問し，板書する。

❷どのような心から行為に至ったかを明らかにするため，矢印で結ぶ。

❶導入で「思いやりがある人はどのような人か」と発問し，板書する。

ここでひと言！

「最後のひと葉」を描いた行為とその絵を生むに至った大本（おおもと）の心がわかるように，構造的に板書で表す。基本的に，目に見える行為・行動を黒板の上部に，そのもととなる心を下部に描くと構造がわかりやすい。それをいくつかのタイプに分けて，色や矢印を変えて板書することで，子どもたちの思考のサポートができる。

実践Ⅱ　最後のひと葉　155

5 子どもの反応

【子どもの記述】

◎「最後のひと葉は傑作か」
- けっ作だと思う。氷みたいに冷えきるまで、ジョンジーのために一生けん命、命をはってまでかいたから。
- ベアマンさんは、最後のひと葉が落ちてしまえば、ジョンジーの希望がなくなってしまうと思い、「あきらめてほしくない。希望をもって」という思いをこめ、葉をかいたと思うので、けっ作だと思った。

◎「思いやりのある人はどのような人か」
- 自分だけではなく、だれかのためにという気持ちをもって行動できる人。
- ベアマンさんのように、相手のことを思ったり相手の幸せを願ったりすることができる人だと思う。
- 相手への思いをもとに行動できる人。

【道徳ノート】

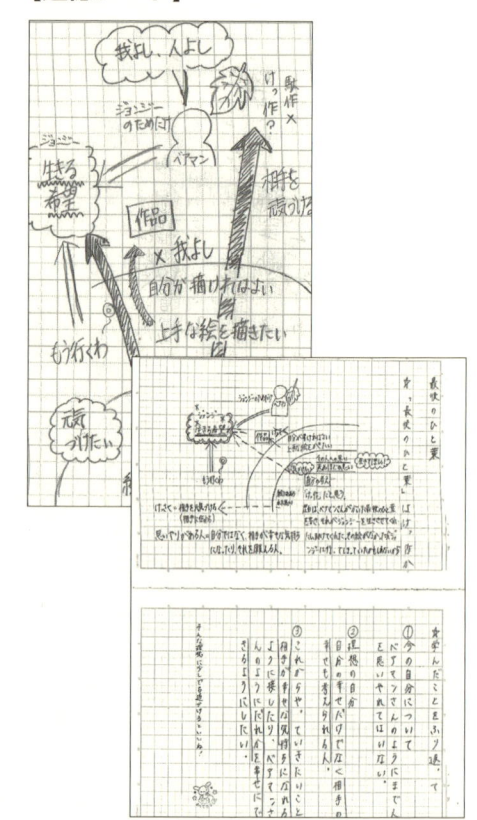

特徴的な場面

ベアマンの温かさは一読してわかるが、なぜ温かく感じるのかは漠然としていてうまく説明ができない。深く考えられるように「ベアマンの絵は傑作なのか」とベアマンの行為の意味を具体的に問うことで、ベアマンが絵に込めた思いを考えることができた。

ここでひと言!

相手を思う心は目に見えない。目に見えないものを考えるのは難しい。だから、具体(資料)がある。具体を通して考えるとわかりやすい。それは子どもも大人も一緒である。ただ、具体は普遍化しにくいので、常に大本（おおもと）の心を見据えながら具体で語る必要がある。そうしないと、糸の切れた凧のように行方不明になってしまう。岡田教諭が、ベアマンの温かさを「ベアマンの絵は傑作かどうか」という具体を通して考えさせた意図はそこにある。

6 授業後の子どもの変容

クラスにいつも周りを見て，必要だと思うことを行動に移す子どもがいる。そのような自分の行動に，右に書いた授業の感想では触れていないが，意識して行っていない行動自体の価値を見出しているように思う。この後，学年行事の中心となってクラスをまとめ，周りの友達からも感謝の言葉をかけられていた。

> 思いやりについて，今まであまり意識して生活していなかった。思いやりがある人は，相手に向けた気持ちを行動として表せる人だと思った。相手のことを思って何事にも努力すれば，誰も気がつかなくても，いつかは人の心を動かせるようなものになるのだと思う。ベアマンさんのように，いつかは陰ながらでもよいので人のために努力を続けられるような人になりたい。まずは「人のため」という心を意識して，いずれ行動に移していきたい。

7 授業をふり返って

道徳の時間は，明るい未来を描くための橋渡しとなる時間である。「この人いいな」と心が動けば，自ずと「このような人になりたいな」という，なりたい自分が見えてくる。高学年は理想と現実との狭間で悩む子どもも多いが，憧れをもつことで希望を胸に前向きな気持ちで過ごせるようになると考えている。

授業の感想の最後に，右のように道徳ノートに記した子どもがいた。授業中に出てきた「生きる希望」という言葉を使い，これからの生き方について考えている姿がノートからも見て取れる。

道徳の時間は，「当たり前」を確認する時間ではなく，「当たり前」の中から新たな発見をする時間でもある。その発見が子ども自身の感動を呼び，なりたい自分を描くことにつながる。既知から未知へとつなぎ，子どもたちの心を拓いていきたい。

> 私は，病気の人とか苦しんでいる人たちに生きる希望をいつかあたえてあげたいです。

ここでひと言！

子どもはよりよいものに敏感であり，素直である。よいと思ったらこちらから積極的に働きかけなくても自ら実践しようとする。逆に，自分にとって必要性のない，実感の伴わないものであったら，どんなになだめすかしてもやろうとはしない。もしくは大人の見ているところではいい子を演じるが，自分一人になれば楽な方を選択しようとする。

だから，授業中の変容，授業後の行動の変容，どれも子どもの変容は授業の善し悪しを判定するリトマス紙である。

この発問は国語？ 道徳？

　このような言葉を聞いたことはありますか？
　「『なぜ，どうして』と訊くのは国語の発問。気持ちを問うのは道徳の発問」。
　果たして，そう言い切れるのでしょうか？
　試しに，以下の発問が国語か道徳かを考えてみましょう。

A 「暗い海の底を泳いでいるときのスイミーは，どんな気持ちだったのだろう」　　　　　　　　　　　　　　　　　　　　　　　　（『スイミー』）
B 「青おにの手紙を読んだときの赤おには，どんな気持ちだったのだろう」　　　　　　　　　　　　　　　　　　　　　　　（『泣いた赤おに』）
C 「ごんを撃ってしまったときの兵十は，どんなことを考えたのだろう」　　　　　　　　　　　　　　　　　　　　　　　　　（『ごんぎつね』）
D 「友達から大劇場への出演を頼まれたときの手品師は，どんなことを考えたのだろう」　　　　　　　　　　　　　　　　　　　（『手品師』）

　AとCが国語で，BとDが道徳です。
　子どもたちに，登場人物になったつもりで考えさせることがありますが，文章をもととせずに考えることはできません。国語でも，道徳でも登場人物の気持ちを考える以上，その根拠は文章に求めざるを得ないのです。
　文章の構造などにふみ込んで，登場人物の気持ちについて考えさせるのか。それともその気持ちがどんな大本（おおもと）の心から生まれるのかについて考えさせるのか。そして，授業のねらい（子どもたちに考えさせること，捉えさせること）は何なのか。それらが，授業が国語になるのか，道徳になるのかを考える上で基準となるのではないでしょうか。型にとらわれることなく，子どもたちが授業のねらいを考えるために必要な発問を心がけたいものです。

　　　　　　　　　　　　　　　　　　　　　　　　　　　　　（鈴木）

◎あとがき

─深く考えさせる道徳授業を，子どもたちはどのようにとらえているのか─

　私は道徳専科であるから，うまくすれば入学から卒業までの6年間，道徳の授業をとおして同じ子どもたちと関わることができる。担任する学級はクラス替えで別れてしまうので，専科だからこその「役得」である。もちろん，子どもたちもそう思ってくれているかどうかはわからない。

　先日，本校の研究発表会があった折，よい機会だと思い，5年生の子どもたちの何人かに研究分科会に参加してもらった。彼らは，1年生の頃からずっと専科の道徳でいっしょに考えてきた子どもたちである。

　一人の子は，「1年生の頃から道徳が大好き」と言う。理由は，「ふだん当たり前のように思っていたことをこんなに深く考えたことがなかったから」だそうだ。考えているつもりが考えていなかった，わかっているつもりになっているだけだったという気づき，そして深く考えることで再発見した道理。これを彼は実感しているのだろう。哲学的な思考が好きな子なのかもしれない。

　別の子は，「正直言うと，ぼくは道徳があまり得意ではありません」と言う。数百人という先生方が居並ぶ道徳の分科会会場で，よくそういうことが言えるなあと，その素直な勇気に感心しつつ，彼の話に耳を傾ける。「どうしてかというと，考えすぎて頭が疲れるし，よい考えが思いつかないときもあるから」だそうである。なるほど，確かに楽ではない。1時間，じっと座って思考活動をするということは，元気に動き回りたい子どもたちにとって苦痛以外の何物でもないのかもしれない。この子は空手を習っているらしい。きっとアクティブなことが好きなのだろう。私も専門は保健体育であるから，その気持ちはよくわかる。ところが彼は，授業中に集中力を欠いたことはほとんどない。確かに，「はい！はい！」と元気に意見を言いたがるタイプではないが，要所要所でポイントを突いた発言を差し挟む。おそらく，発言していないときは，じっと考え込んでいるのであろう。その時間が長ければ長いほど，彼にとっては大変なのかもしれない。

　私は，それでよいのではないかと思う。いや，そうでなければ嘘だとも思う。そんな簡単に答えられる問題ではないし，こちらとしても，「おや!?　わかっていると思っていたけれど，そんな簡単なことではなさそうだぞ……!?」という思考活動を促すように心がけている。しっかり向き合い，じっくりと考えて価値観の再構築を図ってもらわねば困る。

　つまり，彼のような思考経路こそ，深く考える思考活動なのである。だからこそ，わかったときの喜びや達成感はひとしおである。そのような「わかった！」があれば，きっとこちらが黙っていても発言したくなるだろう。実際，授業が終わっても考え続けたり，話し続けたりする子どもの姿はよく見られる。

　「先生の聞き方は，全体的に，よい問いかけの仕方だと思います」。

　これは，私の「発問」についてのA君の「評価」であるが，子どもたちは私たちが考えている以上に，よく観察しているものである。

　本書をとおして，子どもたちの瞳が輝く授業実践が増えることを願っている。

加藤　宣行

【編著者紹介】

加藤　宣行（かとう・のぶゆき）

1960年，東京都生まれ。筑波大学附属小学校教諭。筑波大学・淑徳大学講師。
東京学芸大学卒業後，スタントマンやスポーツインストラクターを経て，
神奈川県公立小学校教諭の後，現職。
日本道徳基礎教育学会事務局長，ベーシック研究会常任理事，
ＫＴＯ道徳授業研究会代表。道徳教科書『小学道徳 ゆたかな心』監修。

竹井　秀文（たけい・ひでふみ）

1972年，福岡県生まれ。東京学芸大学附属竹早小学校教諭。
大学卒業後，証券会社勤務等を経て，岐阜県の公立小学校教諭となる。
10年間の岐阜大学教育学部附属小学校勤務の後，現職。

【執筆者一覧】

岡田　千穂	群馬大学教育学部附属小学校教諭
風間　嘉裕	神奈川県相模原市立淵野辺東小学校教諭
鈴木　浩文	東京都東三鷹学園三鷹市立北野小学校教諭
髙橋　純	神奈川県相模原市立千木良小学校教諭
中村　絵里	神奈川県小田原市立片浦小学校教諭
根本　哲弥	神奈川県横須賀市立神明小学校教諭
古見　豪基	埼玉県和光市立広沢小学校教諭
水野　哲弥	神奈川県横須賀市立武山小学校教諭

（勤務校は，平成27年7月現在）

【撮影協力】

筑波大学附属小学校／東京学芸大学附属竹早小学校

実践から学ぶ 深く考える道徳授業

平成27年7月30日　第一版第一刷発行
平成28年6月30日　第一版第二刷発行
平成29年6月30日　第一版第三刷発行
平成30年3月30日　第一版第四刷発行

編　著―――――加藤　宣行　竹井　秀文
発行者―――――長谷川知彦
発行所―――――株式会社　光文書院
　　　　　　　　〒102-0076　東京都千代田区五番町14
　　　　　　　　電話　03-3262-3271（代）
　　　　　　　　https://www.kobun.co.jp/
デザイン――――株式会社　象形社
本文イラスト――髙橋　純

2015 Printed in Japan　ISBN978-4-7706-1065-2 C3037
＊落丁・乱丁本は，送料小社負担にてお取り替えいたします。